MW00875394

EL HOMBRE
DEL CLIMA
Y LA MUJER
DE LOT

Para una interpretación de la
izquierda política costarricense

EL HOMBRE
DEL CLIMA
Y LA MUJER
DE LOT

Para una interpretación de la
izquierda política costarricense

Roberto Herrera Zúñiga

El hombre del clima y la mujer de Lot
Para una interpretación de la izquierda política costarricense
Roberto Herrera Zúñiga

La editora autoriza la reproducción de partes de este libro para fines académicos o de divulgación electrónica

Supervisión editorial
Alicia Sagra

Diseño y diagramación
Luis Aranguren

Corrección ortotipográfica
Natalia Estrada

Costa Rica, 2023
Febrero de 2023

Contenido

You don't need a weatherman
To know which way the wind blows

(No necesitas un hombre del clima
para saber por donde sopla el viento)
Bob Dylan. Subterranean Homesick Blues (1965)

"Tal vez miré hacia atrás por curiosidad.
Pero además de curiosidad pude tener otras razones.
Por distracción...
Por la desobediencia natural de los humildes.
Escuchando cómo nos perseguían.
Conmovida por el silencio, pensando
que Dios cambiaría de idea".

Wislawa Szymborska, *La Mujer de Lot* (1976)

"Siempre habrá algunos que sueñen con volver al
Manchester del siglo XIX, y otros querrán levantar de
nuevo la estatua de Stalin. Pero, como la mujer de Lot, ellos
mismos sólo serán estatuas de sal clavadas en el desierto,
viendo hacia el pasado. Las cosas no desaparecen: se
transforman".

Jaime Cerdas Mora, *La Otra Vanguardia* (1993).

"Rosa García no sabe ni leer, pero ha hecho en Costa Rica, por la causa de la democracia, lo que diputados, ministros, profesores, sacerdotes y damas muy emperifolladas por dentro y por fuera, no les ha pasado por la imaginación hacer. En medio de su sencillez e ignorancia ha honrado la democracia, como ha podido, con lo mejor que había en ella. Durante dos años ha recorrido las calles, pidiendo ayuda para España y para que regresaran a Costa Rica los hijitos del compañero Braña y ahora deja de comerse cada mañana un bollito de pan, pensando en los que tienen hambre muy lejos de ella".

Carmen Lyra, "La compañera Rosa García", *Trabajo* n.° 324, 21 de enero de 1939.

Dedicatoria

Para Alicia y Ariane.
*Agradecimie*ntos

Este trabajo habría sido imposible sin la compañía y apoyo de Alicia y Ariane, que son la "sal de mi vida".

Quiero agradecer al equipo asesor de esta tesis a mi director Dr. Mario Salas Muñoz y a los lectores el Dr. Luis Mora Rodríguez y el Dr. Roberto Ayala Saavedra por su apoyo y paciente lectura. También merecen un agradecimiento especial mis asistentes Daniel Zango Bulgarelli y Carlos Alvarado Escalón, quienes me ayudaron a ubicar materiales valiosos para esta tesis.

A mis hermanas y mi madre, que siempre me han apoyado.

Finalmente quiero agradecer a Paolo Nigro Herrero, quién leyó y discutió partes de este trabajo, siempre con entusiasmo y a Javier Fernández Barrero, en muchos sentidos este trabajo es el producto de veinte años de discusiones entre nosotros. Espero que los dos se encuentren cerca cuando cante el Gallo Rojo.

Resumen

El presente trabajo trata sobre la forma en que fueron interpretados y explicados dos acontecimientos políticos: la revolución centroamericana y la crisis del socialismo histórico en el pensamiento de los tres principales intelectuales orgánicos de la izquierda política costarricense en la segunda parte del siglo XX, a saber: Manuel Mora Valverde, Rodolfo Cerdas Cruz y Álvaro Montero Mejía.

Manuel Mora Valverde fue la figura histórica del Partido Comunista de Costa Rica, del Partido Vanguardia Popular y del Partido del Pueblo Costarricense, por mucho la principal figura de la izquierda costarricense en su historia.

Rodolfo Cerdas Cruz fue un intelectual de referencia obligada en el país hasta su muerte, aún hoy su huella perdura, se espera prontamente la publicación de sus obras completas, columnista del diario La Nación S.A. y fundador de la Escuela de Ciencias Políticas fue también en su juventud un referente del pensamiento marxista, primero como militante del Partido Vanguardia Popular, luego como dirigente del Frente Popular Costarricense. Aunque esta organización no fue la primera que desafió la hegemonía vanguardista si logró ser una de las más connotadas en ese intento, el desafío del Frente Popular Costarricense fue tan connotado como breve.

Álvaro Montero Mejía fue el referente durante veinte años del Partido Socialista Costarricense, la experiencia política que más posibilidades tuvo de desafiar la hegemonía vanguardista, sin duda un referente obligado si se quiere entender que fue la Nueva Izquierda en Costa Rica. Desaparecido el Partido Socialista Costarricense, Álvaro Montero Mejía se mantuvo como una persona actuante y en muchos sentidos referente de la izquierda política gracias a su programa televisivo *Diagnóstico* y su actividad en Fuerza Democrática. Sus trabajos teóricos y políticos llegan hasta la segunda década de nuestro siglo.

Este trabajo analiza las respuestas teóricas, estratégicas y políticas que estos intelectuales dieron a dos acontecimientos, uno de alcance histórico universal: la crisis del socialismo histórico y otra relevante en el plano local: el triunfo y declive de la revolución centroamericana.

El primer capítulo de este trabajo versa sobre problemas de método que aparecieron durante la investigación y se explica cómo fueron resueltos. El segundo y tercer capítulo son una ubicación histórico-política de los debates marxistas en el período que estudiamos y que le dan sentido a las posiciones de Mora, Cerdas y Montero.

El cuarto capítulo es un encuadre de la experiencia vanguardista en los debates marxistas de la posguerra. El quinto capítulo es una interpretación teórico-política del pensamiento de Manuel Mora Valverde, sus posturas filosóficas y su evaluación de la experiencia castro-guevarista. En el sexto capítulo realizamos un contrapunto entre las "dos olas" del marxismo costarricense. En el séptimo abordamos la explicación de Manuel Mora y sus seguidores a la crisis del socialismo histórico.

En el octavo capítulo abordamos la biografía, trayectoria política y principales elaboraciones de Rodolfo Cerdas Cruz en su etapa marxista y su específico abordaje de los dos acontecimientos que estudiamos.

El noveno capítulo está dedicado a la biografía y pensamiento de Álvaro Montero Mejía y la forma que enfrentó los acontecimientos revolucionarios antes mencionados.

El décimo capítulo son conclusiones y recomendaciones del presente trabajo.

Lista de abreviaturas

Términos abreviaturas

Aluminum Co. of América - ALCOA
Comité Patriótico Nacional - COPAN
Federación de Estudiantes de la Universidad
de Costa Rica - FEUCR
Frente Amplio Estudiantil Nacional - FAENA
Frente Farabundo Martí para la Liberación Nacional - FMLN
Frente Popular Costarricense - FPC
Frente Sandinista de Liberación Nacional - FSLN
Materialismo Dialéctico - DIAMAT
Materialismo Histórico - HISMAT
Movimiento Revolucionario Auténtico - MRA
Movimiento Revolucionario del Pueblo - MRP
Nueva Política Económica - NEP
Organización Socialista de los Trabajadores - OST
Partido Comunista de Costa Rica - PCCR
Partido Comunista de la República Popular China - PC CH
Partido Comunista de Cuba - PCC
Partido Comunistas de la Unión Soviética - PCUS
Partido Obrero Socialdemócrata Ruso - POSDR
Partido Revolucionario Auténtico - PRA
Partido Socialista Costarricense - PSC
Partido Vanguardia Popular - PVP
Partido del Pueblo Costarricense - PPC
Tratado de Libre Comercio - TLC
Universidad de Costa Rica - UCR
Unión de Repúblicas Socialistas Soviéticas URSS

Estado de la cuestión

Existen distintos tipos de fuentes para comprender el lugar de la izquierda política en la historia nacional. Hay claramente cuatro grupos de materiales:

Los documentos y declaraciones oficiales de los congresos. Estos documentos fueron escritos o supervisados por las figuras que estudiamos en este trabajo.

Los textos de las publicaciones periódicas militantes. Una fuente más plural, pero quienes conocen la tradición militante saben que estas publicaciones mantienen una coherente línea editorial. Los autores que estudiamos son parte de los consejos de redacción de estas publicaciones periódicas. En esta investigación usaremos los Semanarios Trabajo, Adelante y Libertad órganos oficiales del Partido Comunista de Costa Rica, mientras tuvo ese nombre y luego del Partido Vanguardia Popular. Ambos dirigidos hasta 1983 por Manuel Mora Valverde, después de la división del PVP en 1983 el Semanario Adelante respondió a la fracción Ferreto-Vargas y Libertad a la fracción de los hermanos Mora Valverde. También usaremos la revista teórica Pensamiento Revolucionario vinculada al Partido Socialista Costarricense.

Las interpretaciones de los historiadores vinculados a esos partidos, en esa experiencia es abrumadora la presencia del PVP y sus herederos. Aquí podemos enmarcar los trabajos de

Gerardo Contreras (2008; 2011), Marielos Hernández (1983) , (2013), Ana María Botey (1984), Iván Molina (2007), David Díaz (2015) y más recientemente el de Sofía Cortés (2018). Las interpretaciones históricas vinculadas al PSC y el MRP, son claramente marginales en el caso del Movimiento Revolucionario del Pueblo, existe la interpretación de Jose Fabio Araya (1988) y el texto de memorias de Sergio Erick Ardón (2019) en el caso del Partido Socialista Costarricense, las de Salom (1987) y Jimenez Padilla (1978). En el caso del Frente Popular es inexistente.

Las biografías y testimonios de los dirigentes, cuadros medios o militantes de base. Existen varios libros de los dirigentes de Vanguardia Popular Arnoldo Ferreto (1984), Jaime Cerdas (1994) y Eduardo Mora Valverde (2000) escribieron sus memorias. Es importante señalar que Manuel Mora Valverde no escribió sus memorias, fue su esposa Addy Salas (1998) quien escribió sus recuerdos, Humberto Vargas Carbonel tampoco lo ha hecho. Varios militantes que participaron de la dirección de Vanguardia Popular, escribieron sus memorias destacan Álvaro Rojas (2012) y Álvaro Montero Vega (2013). Muchos de los participantes en la Brigada Carlos Luis Fallas retrataron esta experiencia puntual en la antología de José Picado (2013), la vida subjetiva de varios militantes con responsabilidades de dirección o con militancia de base son tratadas por Ignacio Dobles y Vilma Leandro (2005).

Otra fuente inestimable de claridad e información son las entrevistas orales a los dirigentes, cuadros medios o militantes. Para realizar este trabajo entrevistamos a profundidad a Álvaro Montero Mejía, el único aún vivo de los autores estudiados, así como a José María Gutiérrez, María Eugenia Trejos y Florisabel Rodríguez quienes militaron en el Frente Popular y FAENA.

De estos materiales desiguales hemos llegado a concluir que se nos plantean varios problemas, por ejemplo: las estrategias votadas oficialmente en los documentos de congreso, no es la que es recordado o vivido en su memoria social y política por los militantes o los dirigentes.

No siempre es transparente el engarce entre la estrategia votada en un congreso y la práctica que se infiere de un testimonio. Los materiales estratégicos, todos tienen una lenguaje bastante ritual y formal, que ayudan poco a entender cómo se entendían los desafíos políticos más significativos: el carácter de la revolución, sus fuerzas motrices, la relación entre los problemas democráticos y los socialistas, la relaciones entre el momento nacional y el momento internacional de la revolución, las razones de las divisiones. Los documentos estratégicos sólo cobran sentido cuando se colorean con los testimonios escritos, las entrevistas individuales o las ficciones literarias.

Los testimonios, aunque son en nuestro entender lo más interesante de la experiencia investigativa y los que permiten definir los contornos de la práctica política, es decir calibrar la diferencia entre los que estaba escrito en los documentos oficiales y la militancia real, aun así no son fuente suficiente para la comprensión del fenómeno de la izquierda política, sobre todo por su subjetivismo[1]. Normalmente los testimonios

---

[1] Señala Adolfo Sánchez Vázquez: "La objetividad del método es, sin duda, requisito indispensable en toda actividad científica. No hay ciencia sin método objetivo y, por tanto, queda descalificada como tal la que prescinda de él tanto en el proceso de investigación como en el de exposición o verificación. Es lo que sucede, por ejemplo, con el método de la comprensión simpática o empatía ya que no podemos determinar si es fiable el estado subjetivo que valida o verifica una teoría. Cuando se pretende captar la realidad social o histórica, los hechos sociales o humanos, por un desplazamiento a la experiencia directa, vivida del objeto, se cierra el paso a la ciencia social como conocimiento racional y objetivo. Los llamados métodos subjetivos (del tipo del verstehen o la empatía) nos dejan inermes ante el problema de determinar si estamos efectivamente ante lo verdadero" (Balcárcel, 1976, 290).

militantes carecen de una comprensión de la política como una dimensión objetiva de lo social. Nuestra interpretación es que los procesos políticos tienen un significado histórico universal objetivo y susceptible de ser determinado racionalmente, para que estos testimonios cobren todo su valor es necesario que un investigador independiente ubique correctamente esos testimonios en una trama coherente y racional de la historia.

Siendo así desarrollaremos en el próximo capítulo la ubicación de estas figuras políticas de la izquierda costarricense en el marco histórico general de la realidad latinoamericana.

Algunos problemas de método para pensar

El estudio de tres de las principales figuras de la izquierda política del país: Manuel Mora Valverde, Rodolfo Cerdas Cruz y Álvaro Montero Mejía, plantea una serie de problemas metodológicos que es necesario señalar a los lectores y a los futuros investigadores.

Es importante señalar que una de las figuras estudiadas es a la vez, la principal figura de la izquierda política y en un cierto sentido el rasero con el cual se mide la actuación de las personalidades de la izquierda política actual (Sánchez, 2005; Arias 2006) y las otras dos figuras no se les reconoce la "estatura" de la primera, pero sin duda son referentes obligados cuando se quiere analizar la nueva izquierda o de la "segunda ola" del marxismo (Dobles, 2005, 8-9).

Este trabajo está realizado como una investigación filosófica, desde esa disciplina es concebido más en concreto como un trabajo adscrito a la historia de las ideas políticas, por lo tanto, no hemos usado los métodos típicos de las ciencias sociales, aunque tampoco es un trabajo puramente "especulativo".

En un cierto sentido la investigación nos ha impuesto una especie de eclecticismo metodológico, es decir un uso no premeditado de ciertos métodos. Aceptar un cierto eclecticismo metodológico no nos parece que pueda ser considerado como una debilidad de la investigación, sino uno de sus rasgos fuertes[2]. La investigación misma fue imponiendo esta forma levemente ecléctica de investigar, de resolver problemas y de presentar el texto final.

Hay varios problemas que quisiéramos presentar para futuros investigadores y también para los actuales lectores, desafíos de la investigación que no han podido y no podían ser resueltos por esta indagación, salvo que se convirtiera en un trabajo mucho más basto.

Un elemento que estimamos importante es la ausencia del género que estamos escribiendo, es decir la ausencia y/o deficiencia del género de la biografía política en el país.

Manuel Formoso, intelectual reconocido por ser el primer director del Semanario Universidad y por lo tanto un referente de la modernización del periodismo nacional, en la década del setenta, además políticamente vinculado al Partido Socialista Costarricense (en su primera época) comentando el libro de José Merino del Río, *Manuel Mora y la democracia costarricense* (1996) señala: "Nuestro país rico en tantas cosas, sin embargo, es pobre en buena literatura política. Memorias de políticos destacados, no las tenemos, a la manera como

---

2 "Marx dedicó buena parte de su vida adulta al análisis de la sociedad capitalista. A tal efecto, utilizó una considerable cantidad de estrategias de investigación cuya congruencia no siempre resulta evidente. En esencia se pueden resumir en dos grupos: de un lado, modelos teóricos generales destinados a sacar a la luz las reglas que regirían una sociedad totalmente capitalista, de otro, análisis específicos historiográficos o periodísticos cuyo objetivo es dar cuenta de las características de la realidad social en un sentido más informal. Con frecuencia se subestima la importancia de este segundo aspecto de su trabajo, cuando lo cierto es que la atención a esta clase de cuestiones –en buena medida gracias al influjo de *La situación de la clase obrera en Inglaterra*, de Engels (...)– transformó completamente su agenda intelectual" (Rendueles, 2006, 134).

en otras naciones Winston Churchill, el general De Gaulle o Richard Nixon relataron su paso por el poder" (…) "talento literario no ha faltado en los hombres públicos" (…) "Pero no se conocen o encuentran sus textos. La abulia tan característica del costarricense, sobre todo ese achantarse frente a la creación intelectual, ha pesado como una losa sepulcral en el quehacer de nuestros hombres políticos" (Merino, 1996, 8).

Formoso ve en esta ausencia notable de nuestras investigaciones políticas características del "temperamento nacional": la resignación, la cobardía, así como la falta de voluntad serían las responsables de esta ausencia, este análisis de Manuel Formoso tendría un antecedente, el diagnóstico de Yolanda Oreamuno sobre el clima cultural, social y político de la Costa Rica de finales de los años treinta, Oreamuno intentará un concepto comprensivo: "el ambiente" (Oreamuno, 1961, 16-19)[3].

Manuel Solís en un acercamiento más sociológico y menos inclinado a la "psicología nacional" entendería que esta ausencia de biografías políticas serias y científicas de los principales actores políticos el siglo XX estaría asociada a que *"la violencia política de los años cuarenta fue transformada en memoria social. Los implicados fueron librados socialmente de responsabilidades"* (…) *"la memoria social y política que se nos heredará no contiene un balance de las responsabilidades particulares"* (2006, 235-236).

La tesis de la co-inocencia, que se instauró como forma de entender los hechos de los años cuarenta, impidió poder analizar las responsabilidades políticas en los crímenes cometidos, de hecho la memoria social surgida de la posguerra excluye

---

[3] "Yo entiendo por ambiente, en términos generales, la atmósfera vaga pero definitiva que van haciendo las costumbres familiares, el vocabulario de todos los días, la política local, el modo de vivir y las maneras de pensar" (...) "El ambiente" es una cosa muy grande, muy poderosa y muy odiada que no deja hacer nada, que enturbia las mejores intenciones, que tuerce la vocación de las gentes, que aborta las granes ideas antes de su concepción" (Oreamuno, 1961, 16).

por principio la existencia de crímenes políticos como tales (de allí la dificultad de procesar y colocar en la historia hechos como el crimen del Codo del Diablo[4]), nuestra memoria social de posguerra sólo asigna lugares a la violencia y la pasión política, no a los crímenes.

Es importante señalar que en la historia oficial, la violencia y la pasión política ocupan lugares subordinados sin duda, pero reconocibles, no así con los crímenes políticos. El sólo intento de ubicar la responsabilidad de esos crímenes implica poner en tela de juicio la ideología/narrativa nacional que sirve de argamasa de nuestras instituciones, la ideología/narrativa de la concordia y la corresponsabilidad.

La ausencia del género de la biografía políticas y por lo tanto la inexistencia de biografías políticas rigurosamente fundadas sobre los principales actores políticos del país es una manifestación fenoménica de la "Institucionalidad Ajena" (como la llamaría Manuel Solís Avendaño en su obra homónima) de segunda parte del siglo XX.

Ubicar racional y científicamente el papel y la responsabilidad de una personalidad política en la historia de Costa Rica parece necesitar un enfrentamiento ideológico, no con un determinado autor o determinado interprete, sino con la memoria social y política de nuestra institucionalidad, en un cierto sentido la correcta ubicación de una personalidad política es un movimiento y una lucha intelectual por hacer propio, a través de la comprensión racional, nuestro pasado. Sobre todo el pasado de la izquierda política.

La otra dificultad obviamente es el elemento del conocimiento histórico como crítica del poder. Señala el historiador marxista Adolfo Gilly: "el conocimiento, disminuye o destruye la

---

[4] De hecho es hasta el año 2014, 65 años después del crimen del Codo del Diablo que se produce un documento de difusión masiva y con valor pedagógico para entender estos sucesos, estamos hablando del trabajo documental de los hermanos Jara, *El Codo del Diablo* (2014).

dependencia de poderes ajenos. (…) Si el conocimiento conduce a la acción, un conocimiento falso extraviará el pensamiento y desviará la acción de quien por él se guíe. (…) La historia, cuyo objeto privilegiado es la descripción y el conocimiento de esas relaciones y de sus transformaciones, puede adoptar frente a ellas dos actitudes (…) justificarlas explicándolas como inmutables y naturales, o criticarlas explicándolas como cambiantes y transitorias (…) El grupo o la clase social cuyo interés coincida con la crítica radical de los poderes establecidos podrá aproximarse más, en su interpretación de la historia a los criterios del conocimiento científico. Aquel cuyo interés sea la conservación de esos poderes y del orden que de ellos se desprende se orientará en cambio a hacer de la historia una ideología justificadora del estado de cosas presente y a convertirla, en consecuencia, en un discurso del poder" (Pereyra, 1989, 200).

En el caso de Costa Rica la historia que conocemos, la historia oficial de "derecha" y de "izquierda" ha sido fundamentalmente una ideología del poder. Que se divide entre dos momentos o dos políticas: 1) el ocultamiento simple y llano de los hechos, promoviendo una política del olvido. El modelo de esta política de la memoria sería los crímenes del Codo del Diablo, la actuación del grupo guerrillero La Familia y muy especialmente el lugar de los nicaragüenses y los extranjeros en los acontecimientos revolucionarios. 2) El modelo de la mistificación de la historia, de su falseamiento ideológico para colocar un hecho o una experiencia histórica en una trama narrativa coherente con la ideología de poder oficial de las clases dominantes, con la ideología del excepcionalismo costarricense.

En relación con el primer modelo queríamos detenernos en una reflexión sobre el papel del proletariado y los revolucionarios nicaragüenses en la experiencia política de la izquierda costarricense.

Centroamérica, fue una sola colonia y un solo país. Los esfuerzos de fuerzas políticas burguesas por mantener unida

Centroamérica inician desde la independencia, tienen su culminación en La República Federal de Centroamérica (1824-1838) y se registran intentos de reunificación hasta 1921. El morazanista Ejército Aliado Protector de la Ley (EAPL) fue una experiencia centroamericana. En tiempos de paz, el ejército federal estaba compuesto por 2000 hombres en armas de los cuales *"Guatemala* [aportó] *829, El Salvador 439, Honduras y Nicaragua 316, respectivamente y 100 Costa Rica"* (Pérez Brignoli, 1993,109).

La misma composición centroamericanista se encuentra en el mando del Ejercito Defensor de la Soberanía Nacional de Cesar Augusto Sandino[5].

Este componente no pasa a las memorias y a las narrativas comunistas, es sistemáticamente no tematizado e ignorado, aunque su presencia puede ser rápidamente registrada.

Empecemos por el principal hito de la lucha de clases del país y de la historia comunista, la huelga bananera de 1934. La cual fue la principal movilización obrera ese año en América Latina y sin duda la causa profunda del desarrollo del sindicalismo comunista, de la influencia parlamentaria del PC CR y de la decisión de la élite católica de lanzar una política anticomunista reformista para conservar el orden social y hacerle frente a los comunistas[6].

[5] "Tengo oficiales de Costa Rica, de Guatemala, de El Salvador, de Honduras y aún dos o tres de México, que llegaron atraídos por la justicia de mi causa, pero están en una minoría. La médula de mi ejército es nicaragüense y los oficiales que más tiempo han permanecido a mi lado son nicaragüenses. He recibido muchos oficiales de afuera, pero en la mayoría de los casos los he despedido" (Arias, 1996, 131).

[6] "En 1941, Calderón anunció el restablecimiento de la enseñanza religiosa en la educación primaria" (...) "En julio de 1942, el Congreso derogó las leyes anticlericales de 1884 y 1894, y con el Código de Trabajo instituyó una avanzada católica en el movimiento sindical, en competencia con los comunistas" (Solís, 2006, 90). "Una característica de la reforma social es su insistencia en la moderación y la estabilidad social y política. Su pretensión principal era atenuar

Es muy importante señalar como el foco de atención, en las narrativas comunistas rara vez está puesto en el "pulmón de la huelga", en las características centroamericanas de la base obrera, en comprender las potencialidades de una clase trabajadora "compuesta de negros jamaiquinos, nicaragüenses y otros centroamericanos, y costarricenses, muchos de origen guanacasteco" (Acuña, 1984, 21). Según Acuña: "en 1927 los extranjeros [presentes en la huelga] representaban el 69% de la población y dentro de estos los negros eran el 56%" (21).

Lo mismo se repite en las narrativas y memorias en relación con la Guerra Civil, cuando los comunistas intentan explicar las razones por las cuales fueron derrotados, existen dos formas de explicarlo. La primera, que pasó a la memoria social colectiva es que los comunistas perdieron la guerra renunciado a la violencia y a las posibilidades de mantenerse en el gobierno, porque estaban dispuestos a sacrificarse por salvar un país y unas instituciones que se sentían obligados a preservar y proteger a toda costa. Esta fue la versión que más popularizó Manuel Mora Valverde y que continua repitiéndose hasta nuestros días.

Como señala David Diaz (2008) cuando en 1977 Guillermo Villegas Hoffmeister populariza la versión calderonista de las razones de la derrota militar del gobierno en voz del capitán Mario Fernández Piza, la cual consiste en responsabilizar a los comunistas por sus errores combatientes, provoca una respuesta bastante sistemática de los dirigentes comunistas (Manuel Mora, Arnoldo Ferreto, Eduardo Mora y Fernando Chávez). Esta segunda versión de los hechos aparece recubierta con la clásica narrativa de la epopeya comunista. Los comunistas pusieron los muertos, combatieron improvisada

---

conflictos y prevenir la violencia mediante cambios, cuidadosos, paternal y verticalmente dirigidos" (89).

y heroicamente, mientras los mandos militares calderonistas desertaban o se negaban a combatir.

La imagen de esta epopeya es la Columna Liniera, columna de combatientes obreros y campesinos comunistas reclutados en las zonas proletarias y plebeyas del país. Carlos Luis Fallas es el caudillo y figura principal de esa epopeya[7].

De este momento de la Guerra Civil nos dice David Díaz (2008): "Al llegar las primeras noticias a San José sobre el levantamiento de Figueres y la toma de San Isidro de El General, [Vanguardia Popular] buscó a Enrique Tijerino, veterano de la campaña emprendida por Sandino contra los norteamericanos en la Nicaragua de los años 20. A pesar de no ser comunista, Tijerino aceptó trasladarse junto con Carlos Luis Fallas hasta Puerto Cortés (península de Osa) para organizar allí una tropa improvisada de soldados entre los linieros y los trabajadores bananeros."

Lo mismo nos señala el historiador Carlos Enrique Alemán: *"el gobierno contaba con la experiencia de los nicaragüenses Enrique Somarribas Tijerino y Abelardo Cuadra, además de los trabajadores nicaragüenses que pelearon como parte de las brigadas comunistas"*. (2013, 122).

Pese al papel clarísimo de Somarribas Tijerino en la guerra civil y en la construcción de la Columna Liniera, además de ser con toda claridad un mártir, un caído en combate, es un virtual desconocido y no está dentro de los "héroes comunistas".

---

7 "fue llamado a la tribuna Manuel Mora, Secretario General del Partido Vanguardia Popular, quién denunció las maniobras de la oposición y la alianza de la oligarquía con las compañías imperialistas. Demostró que toda la maraña política de la oposición no era otra cosa que una conspiración organizada y que tarde o temprano se lanzaría la reacción contra las Garantías Sociales y el Código de Trabajo. Con el aplauso y el entusiasmo trepidante de aquella grandiosa manifestación, Manuel Mora llamó al pueblo a prepararse para defender sus conquistas sociales. Y en efecto en 1948 cuando la reacción, apoyada por el imperialismo se lanzó a la lucha armada, los obreros y los campesinos conscientes, dirigidos por Vanguardia Popular, fueron a las líneas de fuego" (Meléndez, 1969, 75).

Una buena razón que podría explicar esta ausencia de Somarribas Tijerino en el "panteón" de mártires comunistas es que el nicaragüense no era comunista, pero el "no comunismo" no ha sido obstáculo para reivindicar otras figuras como Joaquín García Monge o Yolanda Oreamuno, súmesele a esto que Tijerino sí fue claramente sandinista, lucha que siempre ha sido reivindicada a carta cabal por los comunistas costarricenses, por lo tanto sería una razón suficiente para reivindicarlo.

Así que tendríamos que encontrar una razón más profunda. Esta razón sería que clarificar el lugar e Somarribas Tijerino, implicaría desnudar las contradicciones de la política del PVP. Somarribas Tijerino era contrario al gobierno de Calderón Guardia, porque era un aliado de Somoza: "Somarribas Tijerino odiaba a Calderón por su amistad con el dictador nicaragüense. Cada año, en el aniversario de la muerte de Sandino, Somarribas Tijerino publicaba una diatriba incendiaria, y cada año, Calderón, y después Picado, lo encarcelaban" (Alemán, 2013, 124). Manuel Mora lo convenció de participar en el bando militar calderocomunista cuando le prometió armas y apoyo para luchar contra Somoza (2013, 125)[8].

---

[8] La promesa de Manuel Mora a Somarribas Tijerino era imposible de cumplir y él lo sabía. Las relaciones entre Calderón y Somoza eran excelentes y lo seguirían siendo (Solís, 2006,142) después de la guerra civil el calderonismo y el somocismo actuaran juntos contra los gobiernos de Figueres. El 1 de Mayo de 1943, durante el mensaje presidencial dirigido al parlamento dice Rafael Ángel Calderón Guardia: "nuestros gobiernos han cultivado siempre cuidadosamente sus relaciones internacionales, ese esmero tenía que extremarse en una época como la actual en que urge, más que nunca, dar la mayor solidez a nuestros vínculos de amistad con nuestros hermanos, vecinos y aliados (...) tuve el profundo agrado de visitar nuevamente la República de Nicaragua, por invitación también muy amable de su Presidente el Excelentísimo General Somoza, a quien soy deudor de tantas amabilidades recibidas en el transcurso de nuestra vieja amistad" (Caderón Guardia, 1943,1).

Lo mismo encontramos en las memorias de José Picado (2013) y Manuel Mora Salas, la epopeya de la Brigada Carlos Luis Fallas, no abre la posibilidad a la reflexión de la importancia de los nicaragüenses, de su experiencia revolucionaria y del proletariado nicaragüenses en la revolución costarricense. Moras Salas (2013, 34) conocía la historia de Somarribas Tijerino, inclusive la coloca como una experiencia que marcó su juventud y que eventualmente le impulsó a una carrera militar, pero eso no hace que Manuel Mora Salas varié su recio anclaje en la narrativa del excepcionalismo costarricense: "nosotros fuimos muy claros en que ninguno de estos recursos [explosivos y armas] iba a ser utilizado en nuestro suelo, porque en Costa Rica las vías de la revolución no pasaban por los caminos que tendrían que recorrer Nicaragua" (2013, 39).

Y así a lo largo de la historia y la memoria comunista no se encuentra una "héroe comunista" binacional. Manuel Solís ha advertido sobre: "los prejuicios sobre los indios, los nicaragüenses y los negros, presentes con mayor o menor fuerza en la literatura de filiación comunista" (2006, 111). Este aserto nos llevaría a lo más parecido que encontraríamos a un héroe comunista binacional, que sería un personaje de ficción, Paragüitas el obrero comunista nicaragüense que aparece en la novela Puerto Limón (1978) de Joaquín Gutiérrez, un obrero que juega un papel de vanguardia en la huelga de 1934 y es una especie de contrapunto de Silvano. Pero es destacable que este personaje ficcional, sea una figura combativa, pero sobre todo cándida, no merece ni siquiera un nombre propio.

El segundo tipo de *mistificación*, es la política de la memoria que se ha construido alrededor de figuras como Manuel Mora Valverde, Carlos Luis Fallas o Carmen Lyra, por el lado comunista y por el lado de la "nueva izquierda" con Rodolfo Cerdas Cruz.

Lenin en el *¿Qué hacer?* (1903), texto fundante de la política moderna señala que: "la ideología burguesa es, por su origen, mucho más antigua que la ideología socialista, porque su elaboración es más completa y porque posee medios de difusión *incomparablemente mayores*" (Lenin, 1975, 38-39). Siguiendo la indicación de este aserto leninista, podemos llegar a la conclusión que son varias las vías por las que se dificulta/oscurece la comprensión y la ubicación racional de la actuación y el pensamiento de la izquierda política. Tanto si queremos analizar figuras, como si queremos analizar experiencias políticas y ubicarlas en el cuadro más general de la historia política, parece existir una "inercia ideológica" que empuja a hacerlas calzar o por lo menos hacerlas inocuas en relación con la ideología/narrativa central del país.

Pareciera que el principal desafío de los investigadores es poder determinar cuándo se está en presencia de un mecanismo de olvido o un mecanismo de falsificación es decir de ocultamiento o desplazamiento de las contradicciones[9].

En las biografías o escritos sobre la izquierda política hay una fuerte práctica ideológica[10] que empuja a inscribirlas en la ideología oficial del régimen político, en la política de la memoria del excepcionalismo costarricenses.

---

[9] El término falsificación Marx lo utiliza especialmente en la polémica contra la economía vulgar que: "hace esfuerzos arduos para expulsar de la existencia las ideas que contienen las contradicciones". Marx también llama este tipo de pensamiento apologético, un pensamiento que busca aferrarse a la unidad, para oponerla a la contradicción. El corazón de la ideología seria justamente negar las contradicciones. De manera más profunda un pensamiento ideológico podría caracterizarse por: la negación de las contradicciones, la mala comprensión de las contradicciones, el desplazamiento de las contradicciones o la dilución de las contradicciones (Larraín, 2007,92-93).

[10] "Las ideas en tanto tales han desaparecido (en tanto dotadas de una existencia ideal, espiritual), en la misma medida en que se demostró que su existencia estaba inscrita en los actos de las prácticas reguladas por los rituales definidos, en última instancia, por un aparato ideológico" (Althusser, 1982, 129).

Así las interpretaciones de la izquierda política son impelidas a ser inscritas en la "historia positiva" de la nación, como parte de una historia "buena", "positiva" y "compacta" que ha progresado siempre hacia mejor y donde las contradicciones no son nunca disolventes, este movimiento de progreso es además excepcional y ejemplar.

La figura de Manuel Mora Valverde, sería un modelo de este movimiento intelectual de hacer calzar la izquierda en la "Historia de Progreso" nacional (Solís, 1985, 48-51). Este modelo se encuentra tanto en los propios análisis de Mora Valverde acerca de su papel en la historia nacional, como cuando este papel es asignado por un historiador vanguardista.

El efecto de este movimiento intelectual llega hasta la "segunda ola del marxismo". Álvaro Montero Mejía se coloca a si mismo en esta misma forma de leer la política nacional y la izquierda nacional. Si algo llama la atención de la interpretación de Álvaro Montero Mejía en su etapa "madura", es su esfuerzo por colocarse como una réplica o una actualización de Manuel Mora Valverde[11].

---

[11] A partir del III Congreso del Partido Socialista Costarricense se introduce una orientación estratégica que consiste en luchar por una "Nueva Reforma Social", eso implica una revaloración de la década de los cuarenta (Salom, 1987, 132-134). A partir de allí el eje de los discursos de Álvaro Montero Mejía tienen un estilo similar, presentar la crisis social como una crisis homologable a la de los años cuarenta y el "espíritu reformador de los cuarenta" como una actitud y un gesto político que hay que recuperar y actualizar (1983, 37). Si se sigue de cerca las publicaciones del Semanario Libertad de finales del año 1985 e inicio del año 1986, es decir los periódicos publicados durante la campaña electoral de 1986 donde actuaron juntos como parte de la coalición Pueblo Unido, las agrupaciones políticas Partido del Pueblo Costarricense, dirigido por los dos hermanos Mora Valverde, el Socialista Costarricense de Álvaro Montero Mejía (que ya había sufrido dos desprendimientos uno dirigido por Romano Sancho y llamado Movimiento de Trabajadores 11 de Abril y otro vinculado a Mario Devadas) y el movimiento Nueva República dirigido por Sergio Erick Ardón, que era un nuevo cambio en la presentación de lo que había sido el Movimiento Revolucionario del Pueblo, podemos ver la aplicación práctica de esa orientación estratégica de los socialistas.

Hay otro tipo de textos y biografías que estarían más en la clave de la figura narrativa del informante (el "insider"), es decir un texto desencantado de quien en su juventud estuvo "hechizado" con esta "ideología proletaria" con la "religión civil" que fue el marxismo en el siglo XX, tan maravillosa como lisérgica[12], pero que hoy con el paso del tiempo se ve con distancia y nostalgia, sobre todo se tiene culpa por las personas que fueron dañadas u ofendidas innecesariamente, quienes fueron víctimas de una "tragedia" pero también por el tiempo perdido, tiempo que debería haber sido utilizado en aportar a fortalecer la institucionalidad "positiva" y la historia "positiva", que se identifica con la democracia burguesa.

En esta tesitura podemos encontrar textos con distintos tonos y texturas de anticomunismo y desilusión el modelo sería Manuel Formoso[13] o Rodolfo Cerdas Cruz[14]. Ambos después de ser marxistas buscan colocarse en una especie de progresismo o democratísimo sin adjetivos, en continuidad con los valores de la revolución francesa, Roberto Salom cae en esta tesitura también[15].

---

[12] Francisco Gamboa y su texto *Como fue que no hicimos la revolución* (1990) sería el modelo de este tipo de narrativa.

[13] "Para quienes hemos sido marxistas leninistas, y hemos creído que el socialismo es una alternativa de convivencia superior a la que ofrece la sociedad capitalista, para quienes hemos sido revolucionarios (...) el naufragio de la revolución que debió haber hecho la clase obrera es una tragedia y un hecho muy duro de aceptar" (1993, 163). En el caso de Formoso, lo caída del estalinismo era el inicio de una crisis civilizatoria (165).

[14] "Carece completamente de interés y todo valor heurístico el preocuparse de la supervivencia del sistema marxista como un todo; (...) es útil y necesario el considerarlo como una elaboración intelectual grandiosa y en la práctica trágica" (Herra, 1990, 37).

[15] "La defensa de las libertades públicas y la democracia sólo puede ser la tarea de todo el pueblo (...) "nada puede eludir la responsabilidad urgente de crear un amplísimo auditorio político en torno a la defensa de la paz, la democracia y los cambios estructurales que garanticen la justicia social en Costa Rica" (Salom, 1987, 153).

La mayoría de ficciones literarias que retratan esa época tienen este cariz: *Te llevare en mis ojos* (2007) de Rodolfo Arias Formoso o *Cruz de olvido (1999)* de Carlos Cortés, parten como tema central el guerrillero desesperanzado, es decir el sujeto por el que habla la experiencia revolucionaria sería el "renegado" o el "quebrado" como se diría en lenguaje militante. Lo mismo podríamos decir de la ficción cinematográfica *El ultimo comandante* (2010), dirigida por Vicente Ferraz e Isabel Martínez.

En la película de Laura Astorga, *Princesas Rojas* (2013), el proceso revolucionario es visto como un lugar terrible, donde el sufrimiento infantil y la traición están a la orden del día. Es una experiencia que no se tendría que haber presentado.

Hay un modelo mundial en esta forma de escritura/conciencia es lo que Isaac Deutscher llamo la "conciencia del excomunista"[16] (1970,17-18).

Existe otra forma de la memoria social u otro problema de la memoria social que tendría que ver con la incorporación de las figuras más "ácidas", más "corrosivas" de la historia nacional, las que no se sabe cómo colocarlas en el modelo compacto de la historia positiva. Hay antecedentes de este procedimiento narrativo ideológico, a saber, la incorporación de figuras que podríamos considerar contraculturales

---

[16] "La completa confusión intelectual y emocional del ex-comunista le hace inadecuado para toda actividad política. Está acosado por una vaga sensación de haber traicionado o sus ideales anteriores o los ideales de la sociedad burguesa; como Koestler, puede incluso tener una noción ambivalente de haber traicionado unos y otros. Entonces intenta suprimir su sentimiento de culpabilidad e incertidumbre, o esconderlo con una manifestación de extraordinaria certidumbre y frenética agresividad. Insiste en que el mundo debería ver la incómoda conciencia que él padece como la más clara de las conciencias. Es posible que el ex-comunista deje de interesarse por toda causa que no sea ésta: la de su propia autojustificación. Y, para cualquier actividad política, ése es el más peligroso de los motivos" (1970,17).

como Max Jiménez y Yolanda Oreamuno[17]. En esta narrativa después de un período largo de exilio y olvido, los Aparatos Ideológicos del Estado empiezan a considerar que es tiempo de realizar una incorporación subordinada al "santoral nacionalista", para hacer esta operación se ocupa no meditar a fondo la crítica cultural, ideológica y política de estos autores, sino hacer una incorporación superficial en clave: "gran genio incomprendido". En esta explicación, en esta incorporación subordinada la acidez o el desencanto de las críticas de Max Jiménez o Yolanda Oreamuno es atribuida al aldeanismo, al convencionalismo de la época, hoy ese convencionalismo ha sido superado, los problemas que motivaron la meditación de Oreamuno y Jiménez no existen más. La conclusión de esta incorporación subordinada es que hoy podemos disfrutar en el país de su obra, pero como monumento, no como actualidad. Su pensamiento merece monumentos, es reconocido, pero está muerto[18].

---

[17] Es importante señalar qué, Oreamuno y Jiménez son personas que varios investigadores los colocan a la izquierda del espectro político Manuel Solís (2006,116-117) ubica a Oreamuno en la órbita de los comunistas y participe en las campañas en defensa de la república española y Alfonso Chase ubica a Max Jiménez cercano a posiciones trotskistas en materia de política cultural. (2000, 31).

[18] En el año 2017, el primer presidente de la república no bipartidista, Luis Guillermo Solís habilitó, junto a su ministro de Obras Públicas, un puente que une Heredia y San José, por este lugar atraviesan diariamente 34.000 automóviles, la obra necesitó del financiamiento de organismos internacionales (BID), era una muestra tumultuosa de modernidad y modernización, obras públicas y participación en la economía global. El gobierno del Partido Acción Ciudadana consideró que el puente debería llamarse Yolanda Oreamuno Ünger, en la explicación oficial de casa presidencial señala: "El nuevo puente lleva el nombre de Yolanda Oreamuno Ünger, para honrar la obra de la novelista, intelectual, ensayista, forjadora de las artes, precursora del periodismo cultural e impulsora de la equidad de género. Nació en San José el 8 de abril de 1916 y es una de las personalidades más importantes de la literatura costarricense y quien desde joven se rebeló contra los convencionalismos sociales" (2017).

Normalmente este tipo de apropiación busca sobre todo integrar el segmento estético de la obra a la trama nacionalista, el segmento con más implicaciones políticas queda desconectado, incomprendido, ajeno. Un signo de este movimiento es que la re edición de trabajos como los de Max Jiménez o Yolanda Oreamuno, se reeditan sin aparato crítico y muchas veces sin prólogo, el lector no puede de esta forma ubicar esta obra en el marco de una historia nacional coherente, su significado político le queda vedado.

En esta clave explicativa puede ser leídas las acciones guerrilleras como las de Viviana Gallardo, las decisiones vitales de Alejandra Calderón (ver Excursus), las acciones internacionalistas de la Brigada "Carlos Luis Fallas", la Brigada "Mora y Cañas" o la Brigada Simón Bolívar, podrían eventualmente ser incorporadas en la narrativa nacional usando la clave interpretativa antes mencionada.

En la ideología oficial la acción militar esta excluida de la historia nacional, así las prácticas asociadas a la guerra revolucionaria en Centroamérica aparecen como desconocidos o no estudiados, cuando tienen que ser presentados en el mainstrem cultural aparecen como "aventuras juveniles" de antaño, "jóvenes idealistas y prometedores". Los jóvenes son idealistas y hay que aprovechar ese idealismo, no ya en revoluciones (como antes) sino en innovaciones. Gallardo pudo haber sido guerrillera, pero hoy sería una "emprendedora", los guerrilleros de antaño serían buenos muchachos hoy.

Esta es la operación ideológica que realiza Jacques Sagot sobre Viviana Gallardo: "Viviana era una buena niña. Y una buena compañera con sus compañeros. Sus preguntas siempre sacudían, generaban polémica. Ella plantó en mí las semillas de una comprensión diferente del alumno. Mucho tiempo después de su partida, esas semillas fructificaron. Sí, era una estudiante polémica, controversial. La estoy viendo, de pie entre las hileras de pupitres, las manos en la cintura, defendiendo algún punto de vista. Era una magnífica defensora de sus principios. Dueña de sus ideas. Creo que después de la caída de Somoza, el torbellino de la Revolución sandinista la arrolló y la llevó a radicalizarse más de lo que era prudente" (2018). Al final las opciones políticas vitales, por ejemplo apostar por la Guerra Popular Prolongada son vanalizados.

Un esfuerzo similar de asimilación estaría en las memorias de Manuel Mora Salas en las cuales la acción militar de los brigadistas es interpretada como un acto de desprendimiento, de "arriesgarlo todo", este desprendimiento les eleva "a las más altas cuotas del humanismo" (Picado, 2013, 181). Los brigadistas no quedan en línea de continuidad con la experiencia del internacionalismo proletario, sino en continuidad con la "aventura humanista".

Hemos hecho una larga digresión sobre distintos problemas, distintos desafíos para esta investigación: la violencia y la lucha militar, los crímenes políticos, los nicaragüenses como parte orgánica de nuestro movimiento popular, la falta de responsabilidad política con la que miramos a los "padres de la patria", justamente para que el lector entienda las dificultades de realizar una lectura equilibrad de las tres principales figuras de la izquierda nacional. Hay muchos obstáculos ideológicos de los que hay que estar en guardia.

Ex Cursus: Alejandra Calderón

Hay una fecha que la izquierda política recuerda poco y es necesario resaltar su importancia política.

El 29 de noviembre es el aniversario de la muerte de Alejandra Calderón Fournier, una de las primeras y más importantes militantes trotskistas costarricenses. Alejandra murió en 1979, después de luchar por su vida tres días, al ser atropellada por un autobús el 26 de noviembre.

En la revista *Correspondencia Internacional* N°2 publicada en abril de 1980, encontramos en la página 78 un homenaje a dos militantes muertas: Alejandra Calderón y Yolanda González. *Correspondencia Internacional* era el órgano teórico del Comité Paritario para la Reorganización (reconstrucción) de la Cuarta Internacional, en ese momento la principal organización internacional del trotskismo, dirigida por dos de sus principales figuras de posguerra Pierre Lambert y Nahuel Moreno. La publicación estaba dirigida a un público mundial y se consideró que Alejandra Calderón era un nombre que debía ser recordado.

Yolanda González es una de las mártires del trotskismo español, todos los años es recordada por los y las trotskistas españoles, aun en el año 2021 el asesinato de Yolanda González era tema de discusión de la izquierda y la opinión pública española, pues uno de los asesinos de Yolanda González, fue parte del equipo de defensa legal de Cristina Cifuentes, una prominente dirigente del Partido Popular, acusada de falsificar sus títulos universitarios (Pascual, 2021).

La relevancia y actualidad del nombre de Yolanda González en el Estado español contrasta con el casi desconocimiento de Alejandra Calderón en Costa Rica.

Alejandra Calderón fue una de las mujeres que, "traicionando" su procedencia de clase, viniendo de la familia de uno de los caudillos de la guerra, hija, sobrina y hermana de presidentes y ministros, decidió volverse socialista, volverse trotskista. Desafiando no sólo a su familia, a los socialcristianos, sino también a la versión criolla del estalinismo.

El 29 de noviembre no conmemora nadie, los calderonistas del republicano socialcristiano, empezando por su propio hermano, han mostrado una notable vergüenza por la "hija comunista del Doctor". Los estalinistas la combatieron toda su vida, y su procedencia de clase era usada como un argumento más contra el trotskismo.

Alejandra Calderón, como ha señalado Alexa Ugalde (2020) en una reciente investigación, es una de las fundadoras del moderno movimiento de mujeres en el país, fue parte del Movimiento de Liberación de la Mujer, uno de los primeros esfuerzos por desarrollar una estrategia y una teoría marxista para la emancipación de las mujeres, pero también desarrolló un programa de acción que lamentablemente se ha ido olvidando (por ejemplo, la demanda de pensión a los 50 años para las mujeres). Alejandra Calderón tampoco parece ser una figura particularmente recordada cuando se hace el recuento de las mujeres que hicieron historia, aunque ella tendría méritos de sobra para estar allí. Parece pesar el hecho de que además de una Calderón fuera una trotskista.

La primera experiencia de proponer un candidato obrero a la presidencia en 1978, fue un experimento político pensado entre otros por ella, quien fue candidata a la vicepresidencia; ella fue de las pocas figuras electorales mujeres que tuvo la izquierda, junto a Luisa González en la tradición del PVP.

La vida militante de Alejandra Calderón fue corta, pero como la define Marta Trejos (OST, 1980, 78), fue la principal constructora y educadora de los cuadros de la OST. En el tiempo que militó, su energía mental se concentró en construir una herramienta política para la clase obrera y el socialismo. Hay un acuerdo bastante general sobre que la muerte temprana de Alejandra Calderón fue un durísimo golpe al incipiente proyecto de la OST.

La figura de Alejandra Calderón recuerda algo la frase de Zhou Enlai, parece un grito desesperado a muchos jóvenes acomodados pero honestos: "Traiciona a tu clase".

El marco estratégico de las discusiones, el mundo de la posguerra

En este capítulo deseamos ubicar cual es el marco general en la que se desarrolla el debate marxista en la segunda posguerra, especialmente la forma en que se vive en América Latina. Esto para lograr una mejor comprensión de los intelectuales orgánicos de la izquierda costarricense en la segunda parte del siglo XX.

Empecemos por definir conceptualmente qué entendemos por América Latina. Tomemos la conceptualización que Helio Gallardo ha desarrollado para explicar el concepto "América Latina", en *Siglo XXI: Militar en la Izquierda* (2005), Gallardo señala: "El nombre América Latina es una abstracción. Designa economías-sociedades, regiones, sectores diferenciados y, en ocasiones, encontrados e incompatibles. Por ello ningún discurso sobre América Latina puede ser inmediatamente identificado con alguna de sus realidades históricas" (2005, 17).

Aceptando este marco, sería necesario señalar que en nuestro trabajo se estará analizando autores latinoamericanos, costarricenses que intentan pensar políticamente la sociedad costarricense de la posguerra (nacional y mundial) sabiéndose latinoamericanos, pero no solamente latinoamericanos, sino latinoamericanos ubicados en un contexto de "Guerra Fría"[1].

Las obras de los autores que estudiaremos en este trabajo están todas ubicadas en el marco del debate ideológico-político de la segunda posguerra en un tramo muy específico y localizado: el triunfo de la revolución cubana[2] y la crisis del

[1] "Los cuarenta y cinco años transcurridos entre la explosión de las bombas atómicas (1945) y el fin de la Unión Soviética (1991) no constituyen un período de la historia homogéneo y único... Sin embargo, la historia de este período en su conjunto siguió un patrón único marcado por la peculiar situación internacional que lo dominó hasta la caída de la URSS: El enfrentamiento constante de las dos superpotencias surgidas de la segunda guerra mundial, la denominada Guerra Fría. (...) Generaciones enteras crecieron bajo la amenaza de un conflicto nuclear global que, tal como creían muchos, podía estallar en cualquier momento y arrasar a la humanidad. La singularidad de la guerra fría estribaba en que, objetivamente hablando, no había ningún peligro inminente de guerra mundial" (Hobsbawn, 1998, 229).

[2] Hay distintas formas para acercarse al valor histórico universal, al carácter de Acontecimiento (Hounie [Badiou], 2010,23) de la revolución cubana. Si uno estudia los textos de autores influenciados por la ideología del Socialismo del Siglo XXI, la revolución cubana es una continuidad del período abierto por la revolución rusa, la derrota del nazismo y la descolonización, su dirección política (el M-26 de Julio y el Partido Comunista de Cuba) seguirían siendo hasta nuestros días, el principal productor de la estrategia marxista en América Latina, esta estrategia tendría un alcance mundial, señala Marta Harnecker: "El triunfo de la revolución cubana (...) se produce en el contexto de una correlación de fuerzas a nivel mundial que ha ido cambiando a favor del llamado "campo socialista" y los movimientos de liberación nacional en el Tercer Mundo, producto de la segunda ola revolucionaria mundial surgida como consecuencia de la Segunda Guerra Mundial. Los movimientos revolucionarios de esta ola se apoyan en la URSS, que sale de la guerra transformada en la segunda potencia mundial y luego en los países de Europa del Este que van adhiriendo al socialismo" (1999, 5).

En la tradición trotskista, la lectura sería diferente, la revolución cubana sería parte de las "situaciones excepcionales" hipotetizadas en el Programa de Transición, documento fundante de la Cuarta Internacional, Nahuel Moreno, uno de los referentes del trotskismo latinoamericano, meditando sobre esta hipótesis cuarenta y dos años después de formulada, señalaría: "El más importante

socialismo histórico, con la consecuente restauración del capitalismo en la URSS y el Este de Europa y sus efectos sobre la revolución socialista cubana y las revoluciones centroamericanas de la década del ochenta.

En esta investigación utilizaremos la conceptualización de Helio Gallardo en su texto *Crisis del socialismo histórico* (1991). Allí Gallardo distingue entre socialismo y la crisis del socialismo histórico. Para Gallardo el socialismo es: "un movimiento histórico real cuyos agentes son fuerzas sociales y actores políticos que con sus prácticas construyen y determina un orden de vida alternativo del capitalismo en cuanto estiman que la organización capitalista de la existencia torna imposible la vida del ser humano y destruye su matriz natural, su hábitat" (16).

---

de estos nuevos problemas de la postguerra es la existencia de los nuevos estados obreros, surgidos gracias a que la movilización de las masas obligó a las direcciones pequeñoburguesas burocráticas, contrarrevolucionarias, a romper con la burguesía, expropiarla y tomar el poder. En otras palabras, la variante que Trotsky califica de altamente improbable es la única que se ha producido hasta el momento. (....) El fenómeno cubano se inscribía en la hipótesis altamente improbable del Programa de Transición, al mismo nivel que todos los otros estados obreros burocráticos de esta postguerra" (Moreno, 1980, 3.48).

El fragmento al que hace referencia Nahuel Moreno, dice lo siguiente: "¿Es posible la creación del gobierno obrero y campesino por las organizaciones obreras tradicionales? La experiencia del pasado demuestra, como ya lo hemos dicho, que esto es por lo menos, poco probable. No obstante no es posible negar categóricamente a priori la posibilidad teórica de que bajo la influencia de una combinación muy excepcional (guerra, derrota, crack financiero, ofensiva revolucionaria de las masas, etc. ...) Los partidos pequeño burgueses sin excepción a los estalinistas, pueden llegar más lejos de lo que ellos quisieran en el camino de una ruptura con la burguesía. En cualquier caso, una cosa está fuera de dudas: aún en el caso de que esa variante poco probable llegara a realizarse en alguna parte y un "gobierno obrero y campesino" - en el sentido indicado más arriba- llegara a constituirse, no representaría más que un corto episodio en el camino de la verdadera dictadura del proletariado." (Trotsky, 1977, 34).

En un texto preparatorio del libro, llamado *"Cinco mitos en torno a la crisis del socialismo histórico"* (1990) señala que el concepto crisis del socialismo histórico define por lo menos cuatro procesos distintos y articulados: "a) la reestructuración soviética; b) el derrumbe de los sistemas de dominación en Europa del Este; c) los efectos de los procesos anteriores en otras experiencias históricas ligadas al socialismo, como los movimientos de liberación nacional y la Teología de la Liberación, por ejemplo, y sobre otras experiencias de socialismo histórico, como Cuba; y d) la articulación de los procesos anteriores con las diversas regiones de la teoría marxista y con la concepción marxista del mundo" (5). Esta definición es ampliamente desarrollada en el texto supra citado.

El otro elemento central en la conceptualización de Gallardo es la caracterización del tipo de sociedad y Estado que construyeron las sociedades del socialismo carencial, es decir las cualidades del sistema estalinista de dominación: "Se trata de sociedades en las que el poder político es monopolizado por el Partido Comunista (…) y sus líderes, quienes sostienen y reproducen este monopolio por medio de una estricta vigilancia policial y una permanente, y muchas veces salvaje, represión contra toda forma de disidencia. Este sistema político se fundamenta ideológicamente, en la identidad absoluta del Partido, el Estado y el pueblo (…) de modo que todas las formas de organización social, incluso las deportivas y vecinales, para ser legítimas deben reforzar esa identidad. El efecto obvio de un sistema con estas características es la tendencia a la concentración absoluta del poder político en el Partido y su jerarquía y la asfixia de toda fuerza social que el Partido no controle directamente o coopte" (103), es decir el sistema estalinista de dominación implica: "la configuración de un sistema totalitario o autoritario fundado en último término en el control policial y la represión" (103). Cuando hablamos de estalinismo, asumimos esta definición conceptual de Helio Gallardo.

No es la única conceptualización que utilizaremos, el otro análisis que ha influenciado notablemente nuestra investigación es el que se encuentra presente en *El Veredicto de la Historia* (2009), texto de Martín Hernández ubicado en la tradición trotskista, el análisis de Hernández comparte varios aspectos de la elaboración de Gallardo. Sobre todo, la explicación genética del carácter burocrático y carencial de las sociedades del socialismo histórico.

En su texto *El Veredicto de la Historia*, Martín Hernández sigue la interpretación leninista y trotskista sobre cómo los rasgos burocráticos del naciente Estado obrero ruso son producto, en primer término, de la miseria social generalizada y, luego, del aislamiento internacional de la URSS, del retraso y de la derrota de la revolución europea.

Los rasgos burocráticos del Estado obrero, se desarrollaron y transformaron en una formación social específica; el paso del tiempo y el desarrollo de las relaciones sociales produjeron que una división funcional se transforme en una división social[3].

Hernández retoma los siguientes fragmentos de Trotsky, en *La Revolución Traicionada*, para mostrar el carácter carencial y burocrático de la URSS: "En lugar del bienestar esperado, el país vio que la miseria se instalaba en él por mucho tiempo. Los representantes más notables de la clase obrera habían

---

[3] En un análisis clásico del año 1929, elaborado por Christian Rakovsky, referente de la Oposición de Izquierda (bolcheviques-leninistas) del Partido Comunista de la Unión Soviética e intitulado "Los peligros profesionales del poder" encontramos la siguiente explicación: "Cuando una clase toma el poder, un sector de ella se convierte en el agente de este poder. Así surge la burocracia. En un Estado socialista, a cuyos miembros del partido dirigente les está prohibida la acumulación capitalista, esta diferenciación comienza por ser funcional y a poco andar se hace social" (1978,125).

perecido durante la guerra civil o, al elevarse unos grados, se habían separado de las masas. Así sobrevino, después de una tensión prodigiosa de fuerzas, de las esperanzas, de las ilusiones, un largo período de fatiga, de depresión y de desilusión. El reflujo del "orgullo plebeyo" tuvo por consecuencia un aflujo del arribismo y [la] pusilanimidad. Estas mareas llevaron al poder a una nueva capa de dirigentes...Las masas fueron eliminadas, poco a poco, de la participación efectiva en el poder. (…) La joven burocracia, formada primitivamente con el fin de servir al proletariado, se sintió el árbitro entre las clases, adquirió una autonomía creciente. La situación internacional obraba poderosamente en el mismo sentido. La burocracia soviética adquirió más seguridad a medida que las derrotas de la clase obrera internacional eran más terribles (...) la dirección burocrática del movimiento contribuía a las derrotas; las derrotas afianzaban a la burocracia (2009, 132).

Sin embargo, es importante señalar una diferenciación clave entre la conceptualización de Gallardo y la de Hernández, en la interpretación de la Perestroika (la restructuración desde arriba del poder soviético).

Para Hernández, la "Perestroika" es el proceso político que llevó a la restauración del capitalismo en la URSS producto de una evolución lógica, necesaria, esperable a partir del desarrollo de las relaciones sociales y las contradicciones sociales bajo la dominación estalinista, la "Perestroika" habría permitido una restauración "pacífica" del capitalismo (2009, 111-114).

La conceptualización de la "Perestroika" como una restauración "pacífica" del capitalismo, fue una conclusión teórica, muy problemática y debatida en el seno del marxismo de estirpe trotskista. En primer término, porque la interpretación clásica del trotskismo, de hecho la hipótesis de Trotsky en vida, era que si ocurría la restauración capitalista en la URSS, vendría de la mano de la invasión militar de alguna fuerza imperialista, probablemente Alemania.

La hipótesis de Trotsky, se apoyaba en la experiencia histórica de la guerra civil rusa de 1918-1921 y su intuición se confirmó con la operación Barbarroja, el ataque alemán contra la URSS, en junio de 1941. No obstante, el nazismo alemán no venció al Ejército Rojo, sino lo contrario.

Para Nahuel Moreno, el maestro y mentor de Hernández (Moreno, 2017, 191), la hipótesis esperada era la restauración del capitalismo por medio de algún tipo de vía violenta. En una entrevista a profundidad que se le realiza en el año 1986, explicando el significado y caracterización de las "Cuatro Modernizaciones"[4], señalaba: "El paso del poder de una clase a otra requiere conmociones de este tipo [violentas] (...)

[4] Las "Cuatro Modernizaciones" son una serie de reformas políticas y económicas, aprobadas en diciembre de 1978 en el Tercer Plenario del 11º Comité Central del Partido Comunista de China, las medidas consistían en: 1) El debilitamiento de la propiedad pública de la tierra en favor de la extensión de las parcelas privadas y del trabajo de la tierra. 2) En la industria, la creación de empresas privadas, el fin de la autarquía economía, la atracción de inversión extrajera y la liberalización de la compra y movimiento de la fuerza de trabajo. 3) El fortalecimiento del ejército y el fin de las formas milicianas. 4) El financiamiento de las mejores escuelas en Ciencia y Tecnología y promoción del estudio en el extranjero de estudiantes destacados en el área científica y tecnología.

La formulación de estas ideas, es atribuida a Zhou Enlai, quién las habría desarrollado en enero de 1963 en la "Conferencia de Trabajo Científico y Tecnológico" realizada en enero en Shangai. Zhou Enlai, aunque incondicional a Mao Tse Tung, es considerado un ala "moderada" del maoísmo frente al ala "excesiva" de los guardias rojos de la revolución cultural. En 1975 poco antes de morir, realizó una defensa de las "Cuatro Modernizaciones". Esta elaboración y estas políticas serían luego tomadas por Deng Xiaoping, quien las implementaría a fondo. El nombre de Deng ha quedado asociado a la aplicación de las "Cuatro modernizaciones". En su contenido las "Cuatro Modernizaciones" son medidas gemelas a las de la Perestroika, por lo cual podríamos decir –y esta es la interpretación de Hernández–, que las "Cuatro Modernizaciones" son la primera Perestroika o la "Perestroika" china.

la introducción de elementos capitalista en China genera una dinámica contrarrevolucionaria, pero la burguesía sólo podrá volver al poder mediante una contrarrevolución armada que aplaste el movimiento de masas" (2017, 93).

Asimismo, Ernest Mandel, otro referente internacional del trotskismo, para el año 1989 aseguraba: "Creer que Gorbachov o el ala "liberal" de la burocracia en su conjunto, quieren o quisieran restaurar el capitalismo, es dejarse engañar completamente acerca de la naturaleza, las bases y la amplitud de sus privilegios y de su poder" (Hernández, 2009, 196).

En este sentido, la interpretación de Hernández sobre la "Perestroika", como la forma específica en que se produjo la restauración capitalista en la URSS, es atrevida y novedosa en el terreno del marxismo y más específicamente del trotskismo[5].

[5] No deja de ser muy asombroso, que, aunque la conclusión de Hernández, es novedosa y creativa en el terreno del marxismo, hay al otro lado de espectro ideológico, una interpretación también heterodoxa, que desde el año 1989, ponían atención al significado cualitativo de los cambios ocurridos en China y la URSS, señalando que no eran simples modernizaciones o demostraciones del triunfo "material" de los estímulos personales en "una economía moderna altamente productiva" (Fukuyama, 1990, 7). Sino que era el triunfo de una idea sobre otra, o más bien el triunfo de lo "ideal", sobre lo "material".

Este autor es Francis Fukuyama, autor particularmente denostado y rechazado por la izquierda política latinoamericana, quien le ha interpretado como un simple ideólogo vulgar, probablemente por el uso que las empresas de comunicación latinoamericanas hicieron de la obra de Fukuyama durante la "orgía ideológica" (Gallardo, 1991, 27-51) que se vivió en América Latina al entrar en crisis el socialismo histórico.

Para Fukuyama, en su particular interpretación de Hegel, inspirada en la lectura de Kojeve, lo principal de los "movimientos reformistas", ocurridos "primero en China y más recientemente en la Unión Soviética" era el cambio en "la conciencia de las élites y de los líderes que los gobernaban, que decidieron optar por la forma de vida "protestante" de riqueza y riesgo, en vez de seguir el camino "católico" de pobreza y seguridad" (1990, 8). Es decir, un cambio en el programa político, la visión de clase y la visión de mundo de las burocracias

A partir de esta elaboración, Hernández ha dado una clave para interpretar la forma en que se produjo la restauración del capitalismo en otros Estados Obreros, como Yugoslavia, China o Cuba, encontrando reformas político-económicas similares a la "Perestroika", por ejemplo: las "Cuatro Modernizaciones" chinas, las reformas del "Período Especial" cubano o las reformas económicas yugoslavas impulsadas al calor de la reforma constitucional de 1963. Y este sería pues el momento en que se "cruza el Rubicón" de la restauración capitalista.

Una última aclaración, para comprender la interpretación de Hernández, sólo se puede hablar de restauración "pacífica" de manera muy mediata, pues el extenso proceso de atomización política de la clase obrera, producto del régimen estalinista (en su funcionamiento muy similar al régimen fascista) permitió que la burocracia dirigente de los Estados Obreros, luego de una extendida confrontación social contra "la herencia de Octubre" (es decir contra el leninismo y el trotskismo), pudiera llevar adelante la fase final del proceso de restauración capitalista, de manera relativamente "pacífica", a través de reformas políticas como la Perestroika y el Glasnost.

El proceso social y político que desarrolla Gorbachov, sería la última escena de un drama más extendido, consiste en lograr restaurar las relaciones de propiedad capitalistas, sin que la clase obrera y el pueblo pudieran organizar una resistencia política a este proceso.

Aquí podríamos entender las diferencias fundamentales entre Gallardo y Hernández, pues Gallardo en su texto, no analiza

que gobernaban la URSS y China. Desde posiciones idealistas y conservadoras, Fukuyama y Hernández coinciden en que los fenómenos de reforma "desde arriba" de las burocracias rusa y china, deben ser analizados a la luz de la primacía de la política y no de una interpretación "materialista vulgar" de la economía.

ninguna posición similar a la de Hernández. Para Gallardo las tesis que se oponen a la Perestroika son formas de "ortodoxia estalinista". Esto tiene una explicación, en el marco de las ideas políticas analizadas por Gallardo, los únicos opositores a la Perestroika son los estalinistas de línea dura, tales como el Partido de los Trabajadores de Albania o en el caso costarricense Arnoldo Ferreto, dirigente de una de las alas de Vanguardia Popular.

Otro matiz importante entre Gallardo y Hernández es el análisis de los acontecimientos de 1989-1991, periodísticamente conocidos como "revoluciones de terciopelo". Para Hernández, estos procesos políticos son revoluciones democráticas contra regímenes estalinistas, por eso en el fondo son procesos políticos progresivos.

Ahora, Hernández en otros textos como *Un vendaval oportunista* (2004) explica cómo estos dos procesos (la "Perestroika" y las revoluciones políticas) al ser mezclados ideológicamente o incomprendidos teóricamente condujeron a un resultado relativamente inesperado que fue el abandono del marxismo, por muchos movimientos, organizaciones políticas e individuos que en el pasado estuvieron referenciados con este pensamiento y esta estrategia.

El otro efecto de estos fenómenos en el campo de la teoría marxista, sería el reforzamiento de posiciones teóricas y políticas que hacen énfasis en la discontinuidad del marxismo y el leninismo.

Nuestra investigación es deudora, como hemos señalado, de la interpretación de Hernández, en relación con la interpretación de la Perestroika, las revoluciones de 1989-1991 y los efectos que tuvieron estos acontecimientos en las organizaciones políticas de inspiración marxista.

Ahora pasaremos a localizar de la mejor manera posible la forma en la que sucedieron los debates marxistas de la posguerra.

La continuidad de la herencia estalinista
en el marxismo de la posguerra

Al final del capítulo VI, del libro *Miguel Mármol. Los sucesos de 1932 en El Salvador* (1982), de Roque Dalton, se recoge el testimonio del fusilamiento y del escape de entre los muertos de Miguel Mármol, uno de los obreros fundadores del Partido Comunista de El Salvador y participante activo de la insurrección de 1932[6], la dramática descripción va como sigue:

"Cuando unos policías del pelotón llegaron a ayudarme a incorporar, ya yo estaba otra vez de pie. "Puta –les dije– así no vamos a terminar nunca". No sé de dónde me salía aquella serenidad, aquel sentimiento de invulnerabilidad. Vino otra descarga. Aquí sí me dieron bien.

Sentí varios golpes en el cuerpo y un como timbrazo, un como golpe eléctrico en toda la cabeza. Después vi una luz intensa y perdí el sentido. Al despertar estaba de bruces, manando sangre de la cabeza. Mi pensamiento estaba claro. El cuerpo del ruso estaba sobre el mío y todavía goteaba sangre caliente. Cerré los ojos e hice lo posible por respirar sin ruido, aunque me salía sangre por la nariz. Oí que el camión calentaba el motor. Pero lo peor vino cuando pude oír que el bandido del Capitán Alvarenga ordenaba que le dieran el tiro de 'gracia a cualquier cuerpo que diera señales de vida. A Bonilla y A. Bondanza los encontraron todavía vivos. Oí la voz de Bondanza que decía: "Mátennos de una vez, hijos de puta,

---

6 En relación con el significado de la rebelión salvadoreña de 1932, señala Michel Lowy: "la rebelión de 1932 constituye un acontecimiento muy particular en la historia del comunismo latinoamericano por su ejemplo de la lucha armada de carácter de masas, por su programa abiertamente socialista y por su autonomía con respecto al Comintern. El hecho de que este episodio haya sido después más o menos "olvidado" o despreciado por el movimiento comunista oficial es evidentemente la consecuencia de esas particularidades, que contradecían cada vez más la orientación de los partidos comunistas. Sólo será redescubierto y "rehabilitado" por el castrismo en los años setenta" (1980, 24).

con un chorro de tiros". Bonilla gritó; "Viva la Internacional Comunista, Viva el Partido Comunista Salvadoreño. Viva la Unión Soviética, Viva el camarada Stalin, Muera el General Martínez". Y Bondanza contestaba. A mí me dieron ganas de contestar también, pero me contuve" (292, 293).

En la sección introductoria a este libro[7], redactada por Roque Dalton en La Habana, Cuba, en 1971 (doce años después del triunfo de la revolución cubana), el poeta comunista salvadoreño señala: "Mármol se educó en el comunismo cuando Stalin era o parecía ser la piedra angular de un sistema, cuando la posibilidad de ser "el hombre nuevo" consistía en llegar a ser "el hombre staliniano" (1982, 11).

Dalton, al recuperar el testimonio de Miguel Mármol, presentaba a los revolucionarios de la década del setenta esta herencia contradictoria de estalinismo y testimonio revolucionario, el debate quedaba planteado aunque no necesariamente resuelto.

La suerte misma de Roque Dalton, muerto en una purga interna de la guerrilla salvadoreña, usando métodos de calumnia y difamación típicamente estalinistas y la suerte de la publicación de Miguel Mármol, no editado hasta el año 1982 por EDUCA en Costa Rica y no conocida por el gran público salvadoreño hasta después de la firma de los Acuerdos de Paz en 1992, hace que aún hoy en el marxismo centroamericano esté en curso el debate sobre cómo resolver estas dos herencias.

En el caso específico del marxismo costarricense, la manifestación más obvia de esta tensión es que el proceso de transformación de Manuel Mora Valverde, Carmen Lyra o Carlos

---

[7] Michael Lowy (1980, 24) considera esa introducción de Roque Dalton, originalmente publicada como una entrevista en la revista Pensamiento Crítico, dirigida por Fernando Martínez Heredia durante el momento inicial de la revolución cubana, como un esfuerzo teórico por rehabilitar la experiencia insurreccional salvadoreña de 1932 en el campo del marxismo latinoamericano.

Luis Fallas de proscritos a Beneméritos de la Patria, borró de la historia y de la interpretación política su filiación política y anímica con Stalin y el régimen estalinista.

Dos "almas" en la guerra civil española

El 1 de abril de 1939, el general Francisco Franco, emite su último parte de guerra, anunciando la victoria de los nacionales en la guerra civil española. No hay lugar a dudas de la extraordinaria influencia e impacto de la guerra civil española en la cultura marxista y democrática mundial. Preludio de la segunda guerra mundial, la guerra civil española dejará ya plantadas varias de las preguntas estratégicas claves del marxismo de la posguerra.

A finales de 1939, el poeta comunista Miguel Hernández es detenido en las cárceles franquistas, morirá de tuberculosis en 1942, producto de la dureza del encierro.

En el año 1939, mientras Hernández estaba en la cárcel, su esposa Josefina Manresa le escribirá una carta contándole que su segundo hijo y ella, producto de la escasez y la dureza del bloqueo sólo se alimentan de cebollas, de allí saldrá su poema "Nanas de la cebolla", poema que luego en 1972 será popularizado por Joan Manuel Serrat, junto con un extenso grupo de poemas de Hernández, otros de los poemas de Hernández fueron musicalizados en los años setenta por Víctor Jara y Silvio Rodríguez, ambos militantes comunistas y cantautores latinoamericanos que la imaginación popular asocia estrechamente con el proceso de transición "pacífica" al socialismo chileno (1970-1973) y con la revolución cubana (1959-1994), respectivamente.

La dramática anécdota, que dio origen a la "Nanas de la cebolla" es muy conocida en la cultura comunista y de izquierda hispanohablante, este poema, y más en general la poesía de Miguel Hernández, fue recibido en la tradición política de izquierda[8], como un signo del drama humano de la guerra, pero sobre todo como un testimonio del drama humano determinado por un drama mayor, el drama de la epopeya comunista, un signo de la fuerza espiritual y moral de los comunistas en el proceso de lucha por la transición al socialismo, en lenguaje más filosófico Alain Badiou le llamará a este momento *la* participación en la Idea Comunista[9].

Ahora bien, menos conocidos son los versos de su poemario "El hombre que acecha" de 1937-1938, confiscado, destruido y prohibido por el Ejército Nacional y sólo editado en 1981, ya con la "transición española"[10] en marcha, gracias

[8] Con frecuencia en el texto utilizaremos los términos izquierda o política de izquierda, concepto que consideramos plenamente vigente, nos apoyamos en la definición que sugiere Helio Gallardo en su libro Siglo XXI: Militar en la izquierda (2005), así la izquierda estaría determinada por: "una radicalidad cuyo referente es la voluntad de autoconstitución del sujeto humano, social, individual y genérico, mediante la apropiación social e individual de sus instituciones. La sensibilidad de izquierda materializa una fe antropológica asumida como disposición permanente y renovada por prácticas que confieren a los seres humanos capacidad para transformar sus condiciones de sometimiento y alienación sociohistóricos en experiencias de liberación y en instituciones animadas por lógicas liberadoras" (14).

[9] "En el caso que nos ocupa, se dirá que una Idea es la posibilidad, para un individuo, de comprender que su participación en un proceso político singular (su entrada en un cuerpo de verdad) es también, en un cierto sentido, una decisión histórica. Junto con la Idea, el individuo, en tanto que elemento del nuevo Sujeto, realiza su pertenencia al movimiento de la Historia. La palabra "comunismo" ha sido durante aproximadamente dos siglos (desde la "Comunidad de los Iguales"de Babeuf hasta los años ochenta del último siglo) el nombre más importante de una Idea situada en el campo de las políticas de emancipación, o políticas revolucionarias. Sin duda, ser un comunista, era ser un militante de un Partido comunista en un país determinado. Pero, ser un militante de un Partido comunista, era ser uno de los millones de agentes de una orientación histórica de la Humanidad entera" (Hounie [Badiou], 2010, 20).

[10] En relación con la significación de la Transición española señalan Felipe Alegría y Teo Navarro: "Con escasas y honrosas excepciones, la Transición

a dos ediciones facsimilares que se salvaron de la barbarie fascista.

El poema "Rusia", es parte del poemario "El hombre que acecha" que fue compuesto por Hernández en setiembre de 1937, después de un viaje político a la Rusia estalinista. Hernández, fue comisario político del quinto regimiento, el ala militar del estalinismo español durante la guerra civil española[11], en el poema se lee:

"(…) Ah, compañero Stalin: de un pueblo de mendigos has hecho un pueblo de hombres que sacuden la frente, y la cárcel ahuyentan, y prodigan los trigos, como a un inmenso esfuerzo le cabe: inmensamente. De unos hombres que apenas a vivir se atrevían con la boca amarrada y el sueño esclavizado: de unos cuerpos que andaban, vacilaban, crujían, una masa de férreo volumen has forjado."

(…) Aquí está Rusia entera vestida de soldado, protegiendo a los niños que anhela la trilita de Italia y de Alemania bajo el sueño sagrado, y que del vientre mismo de la madre los quita.

(…) Rusia y España, unidas como fuerzas hermanas, fuerza serán que cierre las fauces de la guerra. Y sólo se verá

---

española es presentada como una exitosa empresa que permitió a la sociedad española convertirse en una moderna democracia europea, como resultado del compromiso democrático del rey, de la habilidad de Adolfo Suárez al frente de los políticos aperturistas del franquismo y de la actitud responsable de los dirigentes de la izquierda, especialmente Santiago Carrillo y Felipe González.

11 En palabras de León Trotsky, los comandantes del quinto regimiento: "sostuvieron una "guerra civil" propia dentro del bando republicano, destruyendo físicamente a los opositores de Stalin, los anarquistas, socialistas, poumistas y trotskistas. Esto puede corroborarse a través de los despachos de prensa y de los testimonios de muchos refugiados españoles" (1940). La labor de asesinato y difamación de los enemigos políticos del quinto regimiento organizado por los estalinistas españoles, extendieron su mano hasta bastante después del fin de la guerra civil y fueron claves en el asesinato de León Trotsky en agosto de 1940, así como de otros trotskistas en Europa y América Latina (Gutiérrez, 2016).

tractores y manzanas, panes y juventud sobre la tierra." (Esquerrà i Nonell, 2012,129-131).

El poema de Hernández es escrito en 1937 en el pico del terror estalinista[12], "de la consolidación a sangre y fuego del fenómeno estalinista, a través de los Juicios de Moscú, de las purgas masivas, la represión, la cárcel y los campos de concentración" (Herrera, 2017).

El libro es editado en 1981, cuatro años antes de la restauración del capitalismo en la Unión Soviética. En el año 2010, el Partido Comunista de España emitirá una resolución donde se lee: "el Partido debe acoger el centenario de Miguel Hernández como una ocasión privilegiada para la lucha ideológica y la recuperación de la memoria histórica" (…) "Miguel Hernández forma parte del patrimonio cultural de la humanidad; su poesía, que es savia sin otoño, sigue siendo palabra en el tiempo para denunciar la injusticia y luchar por la libertad; él no entendía el papel del poeta y del intelectual si no estaba arraigado en un compromiso social y político; no desertó nunca de su clase social, de su condición de campesino pobre, ni del poder transformador de la palabra… Encontró en el Partido Comunista de España un lugar natural de trabajo y de lucha" (PCE, 2010).

Es decir la herencia ideológica de Hernández, incluida su apología a Stalin, pasa intacta hasta el siglo XXI.

Los poemas a Stalin, son sólo un elemento alegórico entre los muchos posibles, de esa práctica ideológica que se llamó y llama culto a la personalidad estalinista (ver Excursus: ¿Qué es el curso de la personalidad?). El culto a la personalidad, aunque necesario, es sólo uno de los aspectos de los regímenes estalinistas.

A las odas a Stalin de Miguel Mármol y Miguel Hernández, podríamos también sumar las de Nicolás Guillén, poeta

---

[12] "Entre 1937 y 1953 la represión era mortífera. En su período más cruel, 1937-1938, fueron condenadas más de un millón trescientas mil personas de las que casi 700.000 fueron fusiladas. En 1951 fueron condenados casi 55.000, y en 1952, 29.000" (Gutiérrez-Álvarez, 2006).

de la revolución cubana, y las de Pablo Neruda, poeta del proceso chileno.

En 1942, Nicolás Guillén escribió el poema "Stalin, Capitán", en el cual se lee:

Stalin, Capitán.

A quien Changó proteja y a quien resguarde Ochún. A tu lado, cantando, los hombres libres van: el chino, que respira con pulmón de volcán, el negro, de ojos blancos y barbas de betún, el blanco, de ojos verdes y barbas de azafrán. Stalin, Capitán." (1984, 130).

En 1954, como parte del poemario "Las uvas y el viento", escribe Pablo Neruda:

"Camarada Stalin, yo estaba junto al mar en la Isla Negra Descansando de luchas y viajes, Cuando la noticia de tu muerte llegó como un golpe de océano. Fue primero el silencio, el estupor de las cosas, y luego llegó del mar una Ola grande. De algas, metales y hombres, piedras, espuma y Lágrimas estaba hecha esta ola (...) ... Más tarde el pescador de erizos, el viejo buzo y poeta, Gonzalito, se acercó a acompañarme bajo la bandera. "Era más sabio que todos los hombres juntos", me dijo mirando el mar con sus viejos ojos, con los viejos ojos del pueblo. ... "Pero Malenkov ahora continuará su obra", prosiguió evantándose el pobre pescador de chaqueta raída. Yo lo miré sorprendido pensando: Cómo. Cómo lo sabe? De dónde, en esta costa solitaria? Y comprendí que el mar se lo había enseñado." (Neruda citado en Schopf, 2003).

Textos, testimonios y declaraciones similares podemos encontrar en otro basto grupo de intelectuales, hoy por hoy apreciados, pero que fueron explícitos en su apoyo al estalinismo: Tina Modotti, Frida Kahlo, Paul Eluard, Ernst Bloch, Grygory Luckács, sólo por decir algunos de los más conocidos.

Estos cuatro poemas, lo elegimos por que son ejemplos bastante coloridos de un proceso que es central dilucidar para comprender el sustrato ideológico y estratégico en el que se va a desarrollar el marxismo latinoamericano, centroamericano y costarricense entre los años 1945-1991.

La tensión entre el testimonio revolucionario de los militantes comunistas de los años treinta, la nueva generación de militantes surgida al calor de la revolución cubana y la traición y los crímenes del estalinismo, que pasan de una generación a otra.

La herencia del estalinismo en la política de la posguerra

La cultura política estalinista, no desaparece con el fin del gobierno de José Stalin en 1953 ni con el proceso de desestalinización del Partido Comunista de la Unión Soviética de 1956.

La cultura, política, ideología y estrategia estalinista que había copado los Partidos Comunista a partir de la segunda parte de la década del veinte, se había consolidado a "sangre y fuego" en la década del treinta y había pasado a las tradiciones comunistas de la posguerra.

Ese paso de la práctica estalinista a las tradiciones comunistas de la posguerra, obviamente fue un proceso desigual, muchos de los estalinistas de "línea dura" no sobreviven políticamente a la muerte de Stalin y caen en desgracia, tanto dentro de la URSS, como en los distintos partidos comunistas, muchos antiguos "revisionistas" sacrificados en las purgas, fueron rehabilitados. El inicio de la crisis del estalinismo permitió los movimientos revolucionarios en Polonia y Hungría y dio inicio a un marxismo creativo y no dogmático en Polonia, Hungría, Yugoslavia y China (Broué, 1973, 609-651).

No obstante, los promisorios intentos de revolución política y renovación intelectual del marxismo, surgidos del impulso revolucionario en Berlín, Hungría y Varsovia, fueron obturados, derrotados o cooptados por el aparato estalinista mundial. La confusión ideológica y la división reinante en la

Cuarta Internacional, impidieron que este movimiento revolucionario encontrara un punto de apoyo en la experiencia de lucha contra el estalinismo previo a la guerra. Una oportunidad se perdía (Moreno, 2010, 21-28).

Así, el marxismo de la posguerra será "antiestalinista" en el sentido que ya no habrá culto a la personalidad de Stalin o se acabará el mito de la "infalibilidad del Comité Central"; no obstante, el estalinismo nunca será concebido como un específico sistema de dominación, sino como el exceso de una persona o un grupo de personas, por lo cual la crítica al estalinismo en la segunda posguerra no necesariamente significaba una ruptura con su ideología y su estrategia. Es el caso de la crítica de los comunistas costarricenses a Stalin.

2.5) La herencia del estalinismo en la política comunista costarricense

Este es el caso de los comunistas costarricenses, quienes a pesar de iniciar un proceso de "criollización" con pretensiones de autenticidad desde 1936, seguirán considerando a Stalin como una vida al servicio de la revolución y como un gran estratega (Solís: 118-148), (Herrera: 2009), (Herrera: 2008).

Y también seguirán manteniendo la estrategia política ya definida en la época estalinista, la estrategia de Frente Popular o de Unidad Nacional y seguirán considerando las sociedades poscapitalistas salidas de la ocupación del Ejército Rojo del Este de Europa como modelos societales, como regímenes políticos modelo, deseados y defendidos.

Desde el punto de vista estratégico, podemos decir con claridad que el Partido Vanguardia Popular, nunca modificó su estrategia básica, venida del período estalinista y concordante con las tesis de la Comintern estalinizada (Lowy, 1980, 186-206).

La idea de las dos revoluciones una "democrática y antimperialista" y otra "socialista", y la necesidad de un Frente

Nacional Antiimperialista o Frente Democrático, es reafirmada desde 1950. Una de las resoluciones centrales de la Asamblea Nacional del Partido Vanguardia Popular, realizada en la clandestinidad, señala: "Tomando en cuenta las características semicoloniales de nuestro país, El Partido debe luchar por construir el más amplio frente nacional para enfrentarse al imperialismo y para cumplir su tarea en la liberación nacional de nuestra patria" (1950, 4). Esta estrategia no será modificada en ninguno de los congresos posteriores del PVP. Por ejemplo, en el documento central del XI Congreso del PVP, realizado en mayo de 1971, las tesis 36 y 37 mantienen esos dos pilares de la estrategia estalinista: "las tareas de la revolución anti-imperialista, agraria y democrática y posteriormente las del socialismo, sólo serán cumplidas a base de la acción común de la mayoría del pueblo" (…) "en el cumplimiento de su tarea principal , nuestro partido coloca en el centro de su actividad los esfuerzos por unir, alrededor de la clase obrera y en un Frente Democrático, a todas las fuerzas sociales que sufren las consecuencias de la dominación imperialista, el subdesarrollo y la degradación de la cultura nacional" (1971, 41).

En los documentos de las dos fracciones en las que se dividirá el comunismo costarricense en 1983-1984, pese a las acres acusaciones de "reformismo" por parte del ala Ferreto-Vargas Carbonell al ala de los Mora y de "dogmatismo y sectarismo" en sentido inverso, ambos mantendrán la definición estrategica del Frente Democrático o Frente Nacional. Así, Eduardo Mora, en su intervención ante el XIV Congreso el 10 y 11 de marzo de 1984, señala: "el dogmatismo y el sectarismo (…) no nos han permitido avanzar con el éxito necesario por el camino de la unidad de las amplias, capas medias del país, persiguiendo la meta de construir un frente democrático y antimperialista" (1984, 11). En setiembre de 1984, con la división consumada el ala Vargas-Ferreto, señala en el documento del XV Congreso del PVP: "El XV Congreso llama a luchar por la firme unidad de todas las fuerzas populares contra el bloque oligárquico imperialista" (…) "Nadie impide que nos encontremos marxistas, cristianos, democristianos, socialdemócratas, hombre y mujeres de buena voluntad, sindicalistas, dirigentes campesinos, de las mujeres, intelectuales y profesionales, de los estudiantes, de los pequeños y medianos empresarios, en un esfuerzo común por liberarnos de la explotación y abrir perspectivas de desarrollo económico y social a nuestro pueblo" (1984, 68).

En relación con la idea estratégica de la coexistencia pacífica del "socialismo" y el capitalismo y la posibilidad de derrotarle por la vía de la competencia y el desarrollo orgánico del "campo socialista", es una idea que fue asumida por el PVP desde el momento que fue propuesta por Kruschev. En el *IX informe del CC al congreso del Partido (1962)* se señala comentando las conclusiones del XX Congreso del PCUS : "El congreso se propuso la tarea económica de alcanzar y adelantar en la producción por habitante, en el plazo más breve, a todos los países capitalistas más adelantados, incluyendo por supuesto a los Estados Unidos" (…) "El Congreso profundizó en la tesis de Lenin sobre la diversidad de formas del paso de distintos países al socialismo, hoy las posibilidades de ese paso pacífico se han ampliado y son más variadas sus formas" (1962, 7).

En relación con la intimidad de los lazos o de la dependencia de la política del PVP en relación con el PCUS, las interpretaciones varían. En las versiones de la familia Mora y su círculo íntimo, la "sovietización" del PVP nunca existió, aunque había solidaridad con la URSS y los "países socialistas" el PVP siempre fue una fuerza comunista "a la tica".

En 1937, en una polémica parlamentaria contra un proyecto de ley para restringir la circulación de la prensa comunista en el correo, presentado por León Cortes y defendido en sede parlamentaria por Calderón Guardia, Ernesto Martin y Teodoro Picado, señala Mora:

"Yo siento de verdad encendido en mi alma, circulándome como fuego por las venas el ideal libertario de la democracia. Y creo que ello se debe a que soy costarricense, auténtico costarricense, y a que por mis venas circula la sangre de los viejos costarricenses, de los que lucharon y se sacrificaron por darnos las instituciones que hoy tenemos. Por eso es que lucharé con todas mis fuerzas por defender la democracia costarricense sin que con ello contradiga mis ideas ni mi temperamento (...) declaro una vez más que los comunistas costarricenses, somos costarricenses, que actuamos conforme a nuestra realidad, y que no estamos recibiendo ni recibiremos órdenes de agentes extraños al país" (1980, 41).

En 1976 al concluir el XII Congreso del PVP, el primero después de recuperar su legalidad, Manuel Mora emite un discurso de cierre, programático y pone especial énfasis en el carácter costarricense del partido y el carácter costarricense de la lucha que les permitió recuperar la legalidad:

"La celebración de este Congreso significa que nuestro Partido, con la ayuda del pueblo, reconquistó derechos que le habían sido usurpados; y no los reconquistó vendiéndose ni arrodillándose ante ningún Gobierno, ni ante ninguna potencia extranjera, sino metiéndose en la conciencia de las masas populares para buscar en las masas la clave de sus reivindicaciones. Hoy somos legales. Pero no le debemos esa legalidad ni a los poderosos de adentro ni a los poderosos de afuera, se la debemos únicamente al pueblo de Costa Rica y a la solidaridad que internacionalmente nos han brindado todos los demás pueblos progresistas de la tierra. (...) Podemos decir con orgullo que somos el único y auténtico instrumento de lucha política del pueblo costarricense" (1980, 690).

Esta forma de presentar el problema se transformará en tradición. El libro de José Merino, *Manuel Mora y la democracia costarricense: Un viaje al interior del Partido Comunista* (1996), sería el modelo ejemplar de esta interpretación. En el caso de las interpretaciones cercanas a Arnoldo Ferreto y Humberto Vargas Carbonell, la "sovietización" siempre existió y es un motivo de orgullo y saludo (Gallardo, 1991, 22) (PVP, 1984, 71).

En las biografías de los líderes comunistas, como *70 años de militancia comunista* (2000) de Eduardo Mora o *La otra vanguardia* (1993) de Jaime Cerdas, se puede seguir el paso de la participación activa de todos los dirigentes comunistas en los Encuentros Internacionales de los Partidos Comunistas y Obreros, así como en los congresos del PCUS u otras organizaciones "paraguas" del estalinismo (Mora, 2000, 203-219) (Cerdas, 1993, 185-219).

La participación de dirigentes y representantes costarricenses en estas reuniones/congresos es siempre presentada en los informes a los congresos como hechos claves, que señalan el vínculo del PVP con el "movimiento comunista internacional", pero además como un signo de seriedad partidaria y cumplimiento de sus obligaciones (Informe IX Congreso, 1962, 1-16).

La estrechez de las relaciones del PVP con la "cadena de mando" del estalinismo internacional es retratada/justificada en muchas ocasiones de manera pintoresca, por ejemplo, en *Vida Militante* (1984) de Arnoldo Ferreto, describe su visita a Cuba a entrevistarse con los dirigentes del Partido Socialista Popular de Cuba (1984, 54-58) tanto el PSP, como el Partido Comunista Mexicano (PCM) fueron claves en la consolidación del estalinismo en el Norte y Caribe de América Latina (Lowy, 1980, 11-59). Ferreto, sin explicarlo, narra como por medio de una llamada telefónica se cambió la línea electoral del entonces PC CR en las elecciones de 1936, aunque Ferreto lo presenta como un cambio de línea producto de la sabiduría y consejo de un partido más maduro que el costarricense, en realidad estamos en presencia de un típico cambio de línea burocrático y vertical. Los costarricenses por su relativo aislamiento, en relación con los cubanos o los mexicanos, aún no estaban aplicando las resoluciones del VII congreso de la Internacional Comunista, la línea del "Frente Popular" (Araya, 1988, 135).

En la interpretación de Rodolfo y Jaime Cerdas, quienes comparten un tronco común con Mora y Ferreto, es hasta 1957 que el PVP se "sovietiza", antes de eso sería una especie de comunismo nacional (Cerdas, 1986, 355-359) (Cerdas, 1993,185-217). En la interpretación trotskista, el PCCR/ PVP fue claramente estalinista desde 1935 (Amador, 1980,85-87) y en las interpretaciones del Partido Socialista Costarricense y el Partido Revolucionario Auténtico es poco claro. El PSC considera al PVP "reformista" pero esta caracterización no tiene que ver con su filiación con el "campo socialista", en este aspecto el PSC parece aún más ortodoxo que el PVP (ver capítulo sobre Álvaro Montero Mejía). José Fabio Araya considera que el PVP tiene "dos almas" contradictorias una ortodoxa representada por Arnoldo Ferreto y otra "nacional" representada por Mora. Esta tensión no se resolverá y llevará a la ruptura[13] (1988, 136-137).

Esta breve presentación nos permite enfocar un elemento clave, hoy en la segunda década del siglo XXI, un problema aún por dilucidar: ¿Cómo fue que se produjo en la ideología, en la política y en la memoria comunista este calzado forzoso donde convive una épica de la epopeya comunista y una historia real de traiciones y tragedias?

Daniel Bensaïd (2017), siguiendo a Mikhaël Guefter, habla de este fenómeno como *"dos mundos políticos y morales"*

---

[13] La lectura de José Fabio Araya es inconsistente con la realidad histórica, la Alianza de 1943 con los católicos sociales y el cambio de nombre del Partido Comunista de Costa Rica son coherentes con las orientaciones internacionales del estalinismo.

distintos e irreconciliables. Reflexiona Bensaïd: "El estalinismo no es una variante del comunismo, sino el nombre propio de la contrarrevolución burocrática. Que militantes sinceros, en la urgencia de la lucha contra el nazismo, o debatiéndose en las consecuencias de la crisis mundial de entre guerras, no hayan tomado inmediatamente conciencia, que hayan continuado ofreciendo generosamente sus existencias desgarradas, no cambia nada del asunto." (2017, 2).

¿Cómo se engarza la tradición revolucionaria y el gulag estalinista? ¿Cómo se engarza la lucha contra el fascismo y la extensión del sistema estalinista de dominación? ¿Cómo se engarza la lucha popular por la emancipación y los privilegios de casta?

Es con esta mirada, con este criterio de ingreso, que queremos abocarnos a las interpretaciones que durante la posguerra realizaron las organizaciones estalinistas en Latinoamérica en general y Costa Rica en particular.

2.6) Excursus: ¿qué es el culto a la personalidad?

El término "culto a la personalidad" es de uso frecuente en el periodismo y en los discursos de la opinión pública y convencionalmente se usa para designar una de las cualidades de los regímenes estalinistas o de las prácticas políticas de algunas organizaciones de izquierda.

Si el discurso periodístico se refiere a un régimen, normalmente el uso del término "culto a la personalidad" sirve para indicar un rasgo que se considera indeseable de este régimen, por ejemplo: la falta de elecciones, la manipulación judicial o la persecución de opositores políticos. En el uso vulgar[14] del término el "culto a la personalidad", la adoración del jefe se

---

14 El concepto de "uso vulgar", viene en el marxismo de la exposición que realiza Marx en "Teorías de la Plusvalía", en un acápite denominado "Diferencia esencial entre la economía clásica y la economía vulgar" (1945, 441).

considera consustancial al carácter antidemocrático y autoritario de esta constelación de poder, por otra parte si el término se usa para caracterizar a una organización política que aún no gobierna, el término "culto a la personalidad" pretende señalar, que es razonable esperar que el rasgo del culto al líder prefigure los formas que tomaran las instituciones, si esta organización llegara a gobernar.

Obviamente el término se usa para dar a entender que la empresa periodística a través de su línea editorial o de un periodista particular, es hostil a las opiniones políticas de este régimen o de esta organización política.

El término "culto a la personalidad" fue introducido por Nikita Kruschev, en el marco del debate del vigésimo congreso del PCUS en 1956, es decir estamos en presencia de un término cuyo origen social y cuya matriz teórica está en el interior del mismo movimiento estalinista, es un término nacido de una de las fracciones del estalinismo.

En el caso del Partido Vanguardia Popular, se rechazó formalmente el "culto a la personalidad" en el IX Congreso, realizado en 1962. Este congreso marcaría la desestalinización formal de los comunistas costarricenses. (1962, 6-8).

El término "culto a la personalidad" fue fundamental para consolidar en el poder a Kruschev y su grupo y aislar aún más a las alas de la burocracia que no deseaban el "deshielo" y que no concordaban con las políticas de relajar las deportaciones, el rigor contra los prisioneros políticos o las medidas que buscaban suavizar las penas relacionadas con la libertad de movimiento o de trabajo.

Aunque el texto completo no fue conocido en la URSS hasta los años ochenta, el proceso político de "desestalinización" ocurrió y fue un hecho, no sólo en la URSS, sino que también en varios de los países del Este de Europa y en los partidos comunistas occidentales, donde los dirigentes estalinistas de línea dura, son removidos, apresados o cuestionados. La desestalinización kruscheviana también tuvo efectos indirectos en el afianzamiento y endurecimiento de la concepción estalinista de los maoístas chinos y albaneses y también contribuyó al clima político que luego llevará a la revolución antiburocrática en Hungría y Polonia en 1956, re animando las posturas políticas que defendían una estrategia de democracia soviética o consejista.

En todo caso fue la acción de la gran prensa occidental y del Departamento de Estado de Estados Unidos, las que dieron a conocer y popularizaron el discurso de Kruschev y el término "culto a la personalidad". En este sentido le marcaron el cariz al término el cual quedo determinado como uno de los rasgos del "totalitarismo comunista"[15] por oposición a los sistemas de representación electorales de las democracias burguesas, así la tensión quedó ideológicamente configurada como una oposición entre "culto a la personalidad-totalitarismo comunista" versus "democracia representativa, propiedad privada y elecciones".

Para hacer más confuso e ideológico el uso de este término es frecuente que en los discursos de los medios de comunicación y la opinión pública se utilice para referirse a cualidades de dictaduras militares capitalistas como la de Franco o Idi Amin, o gobiernos electos sobre la base de un fenómeno

---

[15] Doménico Losurdo en su texto Para una crítica de la categoría de totalitarismo (2003) expone elementos del proceso mediante el cual los pensadores vinculados al Departamento de Estado de Estados Unidos, como Zbigniew Brzezinski, se apropian y modifican, para un uso ideológico, el concepto de "totalitarismo" de Hanna Arendt, concepto que originalmente buscaba pensar las cualidades de fenómenos sociales como el colonialismo británico, el antisemitismo de las sociedades europeas y finalmente el estalinismo y el nazismo. Por una serie de mecanismos políticos e ideológicos, el clima de "Guerra Fría" de los años cincuenta permitió que este concepto, media vez fuera "destilado" de sus elementos más críticos, sirviera como punta de lanza de la lucha ideológica contra los Estados Obreros Burocratizados y contra los partidos comunista estalinistas.

populista de derecha como Trump o bien para analizar fenómenos políticos de sociedades antiguas o pre capitalistas, por ejemplo, el cesarismo o Calígula.

Es decir, en el discurso periodístico parece ser un término puramente peyorativo, pero sin densidad histórica o conceptual. Siguiendo en esto la tradición marxista en filosofía, podríamos advertir que un término que es indiferente a las determinaciones históricas y de clase, no sólo es ideológico sino que es claramente metafísico[16].

Ese uso no riguroso, vulgar del término puede ser teóricamente criticado, queremos incorporar el término "culto a la personalidad", para analizar una serie de características de los fenómenos políticos y de la recepción del marxismo en la segunda posguerra, pero haciendo pasar al termino por la malla de la crítica teórica.

Construyamos pues algunas aclaraciones básicas para un uso conceptual de la expresión "culto a la personalidad":

1. Este concepto para ser entendido debe ser enmarcado en el debate marxista sobre el papel del individuo en la historia, es decir en la comprensión de cuál es el papel de las personalidades históricas al interior del materialismo histórico[17].

2. El término tiene rigor conceptual si es usado de manera socio histórica, es decir sin igualarlo, ni mezclarlo con otros fenómenos históricos de las sociedades previas al capitalismo

---

[16] Henri Lefebvre define de la siguiente manera las características de un pensamiento metafísico: "la metafísica consiste siempre en una teoría separada de la práctica, sin lazos consientes y directos con ella" (1981, 58-59). Lefebvre agrega otras características: ahistórico, una pretensión individual de acceso a la verdad, repugnancia por la sencilla idea que se parte de la ignorancia hacia el conocimiento.

[17] Para un primer acercamiento ver Kosik (1991), Deutscher (1975, 189-197), Plejánov (1964, 427-463).

y a la transición al socialismo (como podrían ser el cesarismo, la adoración al Sultán o el mesianismo milenarista).

3. El culto a la personalidad sería un rasgo ideológico distintivo de los estados obreros con regímenes estalinistas y de las organizaciones políticas estalinistas, aunque puede ser extensiva a otras organizaciones obreras como los sindicatos.

4. Trotsky, en su texto *La Revolución Traicionada*, en un acápite titulado *Fisonomía social de los medios dirigentes*, nos presenta una serie de elementos básico para construir una teoría marxista del culto a la personalidad: a) Es un elemento superestructural e ideológico de una casta dirigente *"que aún se siente insegura en lo que se refiere a sus derechos al poder"*, es decir a diferencia del uso vulgar del término, el culto a la personalidad no es un signo de fuerza del orden social, sino un signo de debilidad.

5. El culto a la personalidad surge en medios sociales donde abunda la escasez material y cultural e impera la necesidad, de allí se derivan los rasgos de cinismo y cohesión social que permite la base social y política del culto a la personalidad[18].

6. El culto a la personalidad no se opone al proceso electoral de hecho los procesos electorales, y especialmente de referéndum son particularmente importantes en los procesos de reac-

---

[18] "Cuando una alcoba individual, una alimentación suficiente, un vestido adecuado aún no son accesibles más que a una pequeña minoría, millones de burócratas, grandes o pequeños, tratan de aprovecharse del poder para asegurar su propio bienestar. De ahí el inmenso egoísmo de esta capa social, su fuerte cohesión, su miedo al descontento de las masas, su obstinación sin límites en la represión de toda crítica y, por fin, su adoración hipócritamente religiosa al "jefe" que encarna y defiende los privilegios y el poder de los nuevos amos" (Trotsky, 1972,121).

tualizar el sistema burocrático y el culto a la personalidad[19]. A lo que se opone el culto a la personalidad es a la iniciativa del movimiento de masas, a la expresión abierta de la crítica y el descontento y sobre todo a los principios de elección directa, responsabilidad con los electores y principio de remisión/rotación de los funcionarios electos.

7. El fenómeno ideológico del culto a la personalidad necesita de una capa social que "sin proporcionar un trabajo productivo directo, manda, administra, dirige, distribuye los castigos y las recompensas" (1972, 119).

---

19 "La preparación de las elecciones "más democráticas del mundo" va acompañada de fusilamientos en masa que barren de la tierra a la generación de la revolución. En realidad, nos encontramos en vísperas de uno de esos plebiscitos cuyo secreto conocen tan bien Hitler y Goebbels. Si Stalin tiene el 100% de los votos o "solamente" el 98,5%, no depende de la población, sino de las prescripciones dadas desde arriba a los agentes locales de la dictadura bonapartista" (1972, 6).

La lucha del marxismo contra el fascismo. Los debates en la posguerra

En este capítulo intentaremos desarrollar cual fue la forma en la que evolucionó el debate dentro del movimiento marxista durante y después de la segunda guerra mundial y cómo fue que este movimiento se reflejó dentro de la izquierda política costarricense.

El debate y la evolución del marxismo, de los años cuarenta hasta el triunfo de las revoluciones democráticas anti estalinistas en 1989-1991, no fue el desarrollo endógeno de una serie de ideas, sino la evolución de un debate teórico-político a la luz de una serie de problemas políticos cruciales surgidos al calor de la lucha por la emancipación de la clase obrera[1].

....

[1] Quienes han estudiado la conformación del pensamiento de Marx, así como la evolución de la teoría marxista, tienden a acordar, que la teoría marxista a diferencia de formas más clásicas de la filosofía, evoluciona a partir de los desarrollos y necesidades planteadas por la lucha de clases, ver por ejemplo Estancamiento y progreso en el marxismo (1976,137-145) de Rosa Luxemburgo. Desde el origen del marxismo ya Engels en 1847 advertía que: "El comunismo es la doctrina de las condiciones de la liberación del proletariado" (1975,135), así mismo Lukács en otro momento clave de la lucha política, 1924, recordaba: "El materialismo histórico es la teoría de la revolución proletaria. Y lo es porque su esencia es la síntesis conceptual de ese ser social al que se debe la producción del proletariado y que determina el ser entero del mismo; lo es porque el proletariado que lucha por su liberación encuentra en él su más clara autoconciencia" (1970, 9).

Intentaremos hacer una breve reseña, de las polémicas internacionales del marxismo para que el lector encuadre mejor los debates político-estratégicos dentro de la izquierda costarricense.

Un debate absolutamente clave para el marxismo y la izquierda política es la determinación sobre el carácter de clase de la URSS y los países del "Bloque del Este", que adoptaron sistemas sociales similares a los de la URSS después de la segunda guerra mundial, así como las cualidades de las sociedades nacidas de la revolución china en 1949, la revolución cubana en 1959 y las guerras coreanas e indochinas en 1953 y 1975. Ese debate enraizaba profundamente en un largo debate teórico y político venido desde los años treinta.

Siendo tres grandes opiniones las posiciones centrales de este debate. La primera opinión corresponde a las corrientes que sostienen que hay una continuidad entre la revolución rusa y la URSS que entrará en la segunda guerra y la que saldrá de la misma. En este sentido se establecería una continuidad entre el leninismo y el estalinismo, continuidad que estaría marcada por dos ideas fuerzas: la URSS es un Estado Socialista y es posible construir el "socialismo en un solo país".

Esta idea fue defendida por Stalin partir del año 1924 y se consolida como ideología de Estado y partido a partir de 1926, en el texto Cuestiones del leninismo señala Stalin:

"Antes se creía imposible la victoria de la revolución en un solo país, suponiendo que, para alcanzar la victoria sobre la burguesía, era necesaria la acción conjunta de los proletarios de todos los países adelantados o, por lo menos, de la mayoría de ellos. Ahora, este punto de vista ya no corresponde a la realidad. Ahora hay que partir de la posibilidad de este triunfo, pues el desarrollo desigual y a saltos de los distintos países capitalistas en el imperialismo, el desarrollo, en el seno del imperialismo, de contradicciones catastróficas que llevan a guerras inevitables, el incremento del movimiento revolucionario en todos los países del mundo; todo ello no sólo conduce a la posibilidad, sino también a la necesidad del triunfo del proletariado en uno u otro país" (1977, 114).

Esta posición será ritualmente aceptada en los congresos de la Comintern, hasta su disolución y será una base estratégica de todos los partidos comunistas del mundo, hasta la disolución de la URSS y aún más hasta nuestros días.

Esta sería la posición estalinista clásica de la que haría parte del Partido Comunista de Costa Rica, así también su continuidad el Partido Vanguardia Popular.

La opinión que la URSS era un Estado Socialista se mantuvo como una caracterización del PVP hasta la misma disolución de la URSS. En al año 1937, Manuel Mora polemizando con Otilio Ulate decía: "la Unión Soviética adoptó una nueva Constitución ampliamente democrática: en ella se reconoce a todos los ciudadanos las más amplias libertades y se establece el sistema parlamentario bicameral. Eso lo que quiere decir es que en la Unión Soviética ya está consolidado el régimen socialista y que por consiguiente la dictadura es innecesaria" (1980, 40).

En 1962, el Informe del Comité Central al IX Congreso del Partido en su primera página sostenía: "después de la Segunda Guerra Mundial se desprendieron del sistema capitalista once Estados con una población de más de 700 millones de personas, convirtiendo el mundo socialista en un campo de más de 1000 millones de seres humanos" (PVP, 1962, 1).

El programa aprobado en el XV congreso del PVP, en el año 1984 (ya realizada la división entre las dos facciones) seguía señalando que: "los países socialistas continúan obteniendo victorias en todos los campos de la actividad humana y la Unión Soviética avanza con éxito hacia la construcción de la sociedad comunista" (PVP, 1984, 36). Un año antes de iniciarse la Perestroika los comunistas costarricenses aseguraban que la URSS avanzaba hacia convertirse en una sociedad sin Estado, sin mercado, sin clases sociales y sin dinero.

La segunda posición sería la que considera a la URSS como un Estado Obrero burocratizado, es decir el Estado Obrero ha sido burocráticamente deformado producto de una contrarrevolución política. En esta posición no hay continuidad entre el leninismo y el estalinismo, una contrarrevolución política ha roto esa continuidad y amenaza el carácter de clase del Estado.

Esta es la posición que habitualmente se asocia a los trotskistas y a la Cuarta Internacional, la justificación teórica es como sigue:

"¿Qué significa «estado obrero degenerado» en nuestro programa? (…) l) los rasgos que, en 1920, eran «deformaciones burocráticas» del sistema soviético, se han convertido en un régimen burocrático independiente que ha devorado los soviets; 2) la dictadura burocrática, incompatible con las tareas internas e internacionales del socialismo, ha introducido, y sigue introduciendo, profundas deformaciones en la vida económica del país; 3) sin embargo, el sistema de economía planificada, sobre la base de la propiedad estatal de los medios de producción, se ha conservado básicamente, y sigue siendo una conquista colosal de la humanidad. La derrota de la URSS por el imperialismo significaría no sólo la liquidación de la dictadura burocrática, sino de la economía planificada; el desmembramiento del país bajo esferas de influencia diferentes; una nueva estabilización del imperialismo, y un nuevo debilitamiento del proletariado mundial". (Trotsky, 2008, 118-119).

En esta tesis la URSS es un Estado Obrero Burocrático, es decir no es un Estado Socialista, sino una sociedad en transición al socialismo con un pronóstico alternativo: o avanza al socialismo o el capitalismo se restaura: "El pronóstico político tiene un carácter alternativo: o la burocracia se transforma cada vez más en órgano de la burguesía mundial dentro del Estado Obrero, derriba las nuevas formas de propiedad y vuelve el país al capitalismo; o la clase obrera aplasta a la burocracia y abre el camino hacia el socialismo". (Trotsky, 1977, 43), señala Trotsky en un texto programático fundamental en esta tradición: *La Revolución Traicionada*.

En la interpretación trotskista no sería posible construir el "socialismo en un solo país", esto sería una "utopía reaccionaria"[2], la teoría que defiende esta tradición política es la de la "revolución permanente". El término proviene de las definiciones de Marx en 1850, después de hacer el balance del fracaso de las revoluciones de 1848[3], aunque el término se transformó en un concepto central y ganó "carta de ciudadanía" durante el "Gran Debate" de 1924-1926.

[2] "Con arreglo a ese esquema, Bujarin defendió en el XIV Congreso la idea de que, si una intervención militar no venía a oponernos un obstáculo, instauraríamos el socialismo, "aunque sea a paso de tortuga". La lucha incesante entre dos sistemas, el hecho de que el socialismo no puede reposar más que en fuerzas productivas superiores, en una palabra, la dinámica marxista de la sustitución de una formación social por otra, basada en el crecimiento de las fuerzas de producción, todo eso lo dejó enteramente de lado. Reemplazó la dialéctica revolucionaria e histórica por la utopía reaccionaria de un socialismo encerrado en sí mismo, organizándose gracias a una técnica inferior, evolucionando a "paso de tortuga" en los límites nacionales y sin otra relación con el mundo exterior que el temor a la intervención armada" (Trotsky, 2017, 49).

[3] "Mientras que los pequeños burgueses democráticos quieren poner fin a la revolución lo más rápidamente que se pueda, después de haber obtenido, a lo sumo, las reivindicaciones arriba mencionadas, nuestros intereses y nuestras tareas consisten en hacer la revolución permanente hasta que sea descartada la dominación de las clases más o menos poderosas, hasta que el proletariado conquiste el poder del Estado, hasta que la asociación de los proletarios se desarrolle, y no sólo en un país, sino en todos los países dominantes del mundo, en proporciones tales, que cese la competencia entre los proletarios de estos países, y hasta que por lo menos las fuerzas productivas decisivas estén concentradas en manos del proletariado." (Marx, 1978, 184).

Entonces "la revolución permanente" significa que antes que se instaure el socialismo, es necesario derrotar al capitalismo y al imperialismo en los países capitalistas centrales y de esta forma instaurar una federación de países gobernados por partidos obreros (una federación de dictaduras del proletariado) que abra el paso al socialismo.

En 1930, León Trotsky publica una de sus obras centrales llamada, justamente "La Revolución Permanente", texto en que polemizó contra Stalin, Bujarin y Radek. Este texto se conoce en la tradición trotskista como la "tercera formulación de la revolución permanente", para distinguirla de la formulación de 1905, estrictamente rusa, y la de 1925-1927 pensada sólo para países como China o India, al final del texto a manera de síntesis Trotsky elabora un grupo de 15 tesis que exponen lo central de su pensamiento político; en la tesis 10 advierte:

"El triunfo de la revolución socialista es inconcebible dentro de las fronteras nacionales de un país. Una de las causas fundamentales de la crisis de la sociedad burguesa consiste en que las fuerzas productivas creadas por ella no pueden conciliarse ya con los límites del Estado, nacional. De aquí se originan las guerras imperialistas, de una parte, y la utopía burguesa de los Estados Unidos de Europa, de otra. La revolución socialista empieza en la palestra nacional, se desarrolla en la internacional y llega a su término y remate en la mundial. Por lo tanto, la revolución socialista se convierte en permanente en un sentido nuevo y más amplio de la palabra: en el sentido de que sólo se consuma con la victoria definitiva de la nueva sociedad en todo el planeta" (Trotsky, 1990, 272).

El término "tercera formulación de la revolución permanente" justamente quiere señalar el momento que Trotsky le otorga un carácter universal al proceso de "revolución permanente", de transcrecimiento de la revolución democrática en revolución socialista.

Esta posición que hemos explicado en trazos gruesos, no aparecerá en Costa Rica de manera organizada sino a mediados y finales de los años setenta y es la que moldeará la actividad de las organizaciones trotskistas; la Organización Socialista de los Trabajadores[4] y el Partido Revolucionario de los Trabajadores. Aun así es posible rastrear publicaciones en Costa Rica sobre las posiciones de Trotsky[5], más allá de las difamaciones estalinistas.

La tercera posición sería que la URSS es una sociedad totalitaria que ha instaurado una nueva forma de producción y un nuevo sistema de clases sociales, esta posición es conocida como "antidefensista" (contraria a la defensa de la URSS). En la interpretación de esta posición política las transformaciones sufridas por la URSS en los años treinta y cuarenta son tan intensas que han cortado cualquier continuidad con las tradiciones libertarias y emancipadoras que inspiraron los primeros años de la revolución rusa. En la antigua Rusia se habría instaurado una nueva sociedad totalitaria en muchos sentidos peor que el capitalismo liberal (Hernández, 2009, 138-168).

---

[4] En un texto de 1976, titulado "25 Argumentos reformistas sobre la revolución" escrito por Cecilia López, militante de la OST, dice: "es evidente que un partido que represente verdaderamente los intereses de la clase obrera será incapaz de decirle a los trabajadores que les es suficiente enfrentarse a su burguesía nacional (...) porque sabe perfectamente que mientras exista imperialismo, es decir capitalismo a escala mundial, cualquier éxito que logre se vería amenazado. Claro está que no le pedirá a un proletariado de un país que lance su lucha sólo contra toda la burguesía mundial. Lo lógico será que trate de llevar una lucha conjunta y estratégica común con sus hermanos proletarios de todos los demás países, que combaten a los mismos enemigos, que tienen los mismos problemas y los mismos intereses" (1976, 11).

[5] Es posible encontrar referencias a Trotsky tanto en los primeros números del Periódico Trabajo, como en su antecesor el Periódico Revolución, también encontramos semblanzas y referencias a Trotsky en el Repertorio Americano.

El mundo avanzaría a instaurar este tipo de sociedades a través de la actividad del Partido Comunista de cada país, ya sea como partido gobernante, ya sea como parte de un bloque de partidos.

Esta posición surgió en primer término al interior del movimiento trotskista[6], fue un debate que impregno a la Cuarta internacional entre 1938-1948.

El debate dentro de la Cuarta Internacional inicio en 1938-1939, en primer término entre Bruno Rizzi y León Trotsky, luego esa polémica se extendió al interior del Partido Socialista de los Trabajadores de Estados Unidos (SWP por sus siglas en inglés), de esta polémica surgió el conocido libro de Trotsky, *En Defensa del Marxismo*, también programático en la tradición trotskista.

Para Rizzi, la URSS se había convertido en una nueva formación social, en "Colectivismo burocrático". Esta era su caracterización:

"Los síntomas políticos también concuerdan con la incipiente burocratización del mundo. Los viejos imperialismos francés, inglés y americano se dan cuenta de la inutilidad y la imposibilidad de mantener una hegemonía en un mundo que si quiere sobrevivir ya no puede ser imperialista y se transforma,

---

[6] No está demás señalar que la idea que la URSS no era una Estado Socialista, sino otra cosa, otra forma de tiranía, es una idea que desarrollaron en primer momento los anarquistas rusos, Por ejemplo Alejandro Volin, en su libro la Revolución Desconocida (1977), señala que la organización societal nacida de la Revolución de Octubre y dirigida por los bolcheviques, es una organización: "calcada sobre los moldes de una vieja sociedad de tiranía y explotación y adaptada a estas finalidades" (66), esta forma estatal "no desarrollaría ninguno de los elementos de una nueva sociedad; conduciría hasta el paroxismo todas las taras de la vieja estructura, puesto que no habría modificado más que su aspecto"(66). Para Alejandro Volin: "La dictadura de un partido (...) conduce fatalmente (...) a una especie de Inquisición social" (1970). La URSS sería una sociedad similar a la España del siglo XV. La tradición anarquista no se entrelaza con la tradición del marxismo antidefensista.

burocráticamente a ojos vista (...) Poco a poco, los trabajadores de Francia, Inglaterra y de América se encontrarán con
que ya no son ciudadanos normales, sino "súbditos" de un régimen burocrático que "nacionalizará" la propiedad y tomará
muchas otras medidas de cuño "socialista". No se llamará a
eso, ciertamente, fascismo, nazismo o estalinismo; ciertamente, su nombre será distinto, aunque su fondo siempre será lo
mismo; propiedad colectiva en manos del estado, burocracia
como clase dirigente, organización colectiva y planificada de
la producción" (Hernández, 2009, 143).

Esta polémica al interior del PST está muy reseñada en la
historia de trotskismo, es una polémica que abarca, no solamente este punto preciso sobre el carácter de la URSS, sino
que implicó un variopinto grupo de debates: la cuestión sobre
si el materialismo es la base filosófica del marxismo, si la dialéctica es el método de pensamiento del marxismo o si puede
ser sustituida por el sentido común, el carácter del régimen
del partido revolucionario, la actitud moral de los revolucionarios, sólo para decir algunos temas tocados a lo largo de 11
meses de polémicas.

La salida de los "antidefensistas" del PST y la muerte de
León Trotsky, no detiene el debate, que llega hasta la Partido
Comunista Internacionalista, la sección francesa de la Cuarta
Internacional, allí es Cornelius Castoriadis y Claude Lefort (la
Tendencia Chalieu/Montal) los que defenderán las tesis anti-
defensistas, para luego abandonar la Cuarta Internacional y
fundar el grupo Socialismo o Barbarie.

En un texto de Castoriadis del año 1949, titulado Discusión
sobre Las relaciones de producción en Rusia, señala:

"La famosa "planificación" burocrática en Rusia no es más
que la expresión en cifras de las intereses de la clase dominante, la planificación de la explotación (...) ¿Cuál es el significado histórico de ese régimen? Puede decirse que representa la

última etapa del modo de producción capitalista (…) es (…) la última etapa del modo de producción capitalista en la medida que realiza la explotación más extrema del proletariado" (1976, 13,14).

También el humanismo marxista vinculado a C.L.R. James y Raya Dunayevskaya (la tendencia Johnson-Forest) y su teoría del capitalismo de Estado abreva de este debate, finalmente la corriente Socialismo Internacional vinculada a Tony Cliff y cuyo representante principal en nuestros días es Alex Callinicos, también configura sus posiciones a propósito de este debate.

Ernesto González señala en su obra *Trotskismo obrero e internacionalista en la Argentina* (1995) que todavía en el Segundo Congreso de la Cuarta Internacional realizado en 1948 uno de los ejes de la discusión fue el debate "antidefensista" (González, 1995, 153), diez años después de arrancado el debate, este seguía siendo punto de litigio entre el movimiento trotskista finalmente quienes defendían estas ideas, abandonan la Cuarta Internacional y van a sostener estas ideas como intelectuales individuales por ejemplo Castoriadis, James Burnham, Lyotard o Naville. En nuestro país los ecos bastante lejanos de estas posiciones las podemos encontrar en Eunice Odio (Ver Excursus: Eunice Odio y su posición política).

Por lo tanto las posiciones políticas de la izquierda latinoamericana, están profundamente marcadas por estas tres actitudes básicas en relación con la URSS y con la segunda guerra mundial, podríamos señalar que dos de ellas son "defensistas" y uno de ellas "antidefensistas"[7]. Esto quiere decir

---

[7] Los términos "defensista" y "antidefensista" surgen al calor del debate entre los militantes de la Oposición de Izquierda Internacional, antecesora de lo que luego será la Cuarta Internacional. A partir del año 1929 con el conflicto ruso chino por la administración de ferrocarril oriental, Trotsky plantea la necesidad de defender a la Unión Soviética de la agresión militar del ejército chino, independientemente de las características del régimen estalinista. Esta posición

que la actitud de los Partidos Comunistas tradicionales (como el PVP costarricense) es una actitud de defender a la URSS, por ser el único país socialista, "la patria de los pueblos" y para sostener esta política se despliega una política de unidad nacional antifascista.

Eso significa que la obligación de los Partidos Comunistas es lograr la Unidad Nacional de un determinado país contra el fascismo, tanto el Eje fascista, como los fascistas interiores. La implicación práctica de ello es que el conjunto de los conflictos políticos se van a leer bajo el binomio fascismo-antifascismo. Para los países capitalistas avanzados va a significar la unidad con todas las fuerzas no-fascistas y por lo tanto el apoyo político a los gobiernos que hagan parte del bloque antifascista.

En el caso específico de los países semicoloniales significa también suspender no sólo las luchas corporativas, sino también las democráticas y antimperialistas[8]. Este es el caso de Costa Rica.

Manuel Mora, en una entrevista realizada en 1966, explica la posición de los comunistas costarricenses durante el período 1939-1945: "durante la segunda guerra mundial, nosotros, como contribución a la guerra, como ayuda a las potencias que luchaban contra Hitler, acordamos no hacer huelgas y tra-

---

fue conocida como "defensismo", este debate se volvió a producir con distintos matices y distintos alcances a lo largo de la construcción de la Oposición de Izquierda Internacional y de la Cuarta Internacional. El debate más extendido y publicitado en este sentido fue el que se entablo en el año 1938-1939 al interior del Partido Socialista de los Trabajadores de Estados Unidos.

8 La política de Frente Popular Antifascista y Unidad Nacional Antifascista, que divide los imperialismos entre "democráticos" (Gran Bretaña, Francia, Estados Unidos) y "nazi-fascistas" (Alemania, Italia) y que obliga a los partidos comunistas de las colonias a aliarse con sus explotadores "democráticos" va a ser una de las fuentes de desencuentro entre el movimiento comunista y el movimiento por liberación de las colonias y el panafricanismo, Marcus Garvey, George Padmore y C.L.R. James no pueden ser explicados sin este desencuentro.

tar de arreglar los problemas (por medio) de negociaciones con la clase patronal" (Trejos,1984, 85).

Tal actitud fue, por ejemplo, duramente criticada en los órganos de prensa de la Cuarta Internacional, especialmente en la Revista *Clave*, publicación editada por la Liga Comunista Internacionalista, sección mexicana de la Cuarta Internacional en estrecha colaboración con León Trotsky. En la revista N° 7, publicada en abril de 1939, se divulga un artículo de crítica al periódico *Trabajo*, titulado "Tamboriles de Guerra en Costa Rica", el texto denuncia las "zalamerías lacayunas" que se le profieren al imperialismo yanqui y trata a los estalinistas costarricenses como perros que "menean la cola ante sus amos imperialistas". La crítica política central es el llamado del PC CR a apoyar las tesis de Roosevelt en el marco de la convocatoria a la Primer Conferencia Pan americana, como es sabido estas conferencias son las precursoras de la OEA y el TIAR. Dos décadas despúes el castroguevarismo considerará a la OEA el "Ministerio de colonias" y "una cosa de risa" según la canción de Carlos Puebla.

Es importante también señalar que esta política de unidad nacional, cambiará después que inicie la política de guerra fría en 1945, el PVP retomará su ritual consigna de "Frente Democrático Antimperialista", este cambio de táctica se produce sobre todo porque con el arranque de la Guerra Fría el anticomunismo se vuelve un elemento central de la política de las élites criollas (Solís, 2006,99, 162, 176,177, 459) (Molina, I y Díaz, D., 2017). Los hechos políticos costarricenses entre 1947 y 1948, sin tener la relevancia geopolítica de los esteuropeos sólo se pueden entender en el marco de la naciente guerra fría[9].

---

[9] Sergio Erick Ardón, una de las figuras centrales de la "nueva izquierda" costarricense recuerda de la siguiente manera el ambiente anticomunista en la que se crió la generación que eran niños durante los años cuarenta: "Ya en 1948, supe-así se afirmaba en mi casa- que Teodoro Picado era un viejo flojo

Excursus: la posición política de Eunice Odio

Nuestra opinión es que no ha sido estudiado ni explicado a cabalidad el pensamiento político de Eunice Odio, ni su evolución ni su relevancia y relación con el país. El proceso de reingreso y revalorización de Eunice Odio a la cultura nacional, no ha venido acompañada de una valorización de su pensamiento político, pese a que los textos políticos ocupan una considerable parte del Tomo II de sus *Obras Completas*. Es obvio que hay una evolución entre los textos de 1947 y los textos de 1962. En medio ha pasado la Guerra Mundial y el inicio de la Guerra Fría. En los textos de los años cuarenta, Odio se pone del lado del caldero-comunismo frente a la reacción ulatista a quienes acusa de no ser demócratas, sino de preocuparse únicamente por *"la defensa enérgica de sus intereses creados"* (1996,21), así mismo señala como en Costa Rica: "prácticamente nunca ha habido elecciones libres. (…) Porque el presidente de la república siempre llegaba a ocupar tan alto puesto apadrinado por el capitalismo" (21). Es decir, una interpretación en la órbita de la lectura comunista y que continua las críticas a la "democracia de baja intensidad" que podemos encontrar también en Max Jiménez, Mario Sancho y Yolanda Oreamuno.

Pero para los años sesenta la lectura de Odio era completamente otra, fuertemente anticomunista: "Ningún imperio se ha rebajado tanto en el campo de las artes y las letras, como el imperio ruso" (193) más adelante Odio llama a "pelear para que termine la Militarización de la cultura en Rusia y en sus satélites, incluyendo Cuba, [a] combatir para que los bárbaros rojos no militaricen el mundo entero" (194). En una época en que la revolución cubana producía un furor de adhesiones en-

---

y sinvergüenza que estaba consistiendo que comunistas solapados como el doctor Calderón Guardia y el arzobispo Sanabria le entregaran el país atado de pies y manos al comunismo" (Ardón, 2019, 208).

tre los intelectuales latinoamericanos, Odio se alejaba y combatía contra esa influencia.

Nuestra hipótesis es que la evolución política del pensamiento de Eunice Odio tiene una relación con la actividad del ex poumista Julián Gorki y el desarrollo en México y América Latina del Congreso por la Libertad de la Cultura. Este congreso, *"fue pensado como un espacio de resistencia política y activismo intelectual en defensa de la libertad del pensamiento, por oposición a la censura y el totalitarismo de corte comunista representado por los soviéticos en la década del'50 y por los cubanos en nuestro continente en los '60"* (Janello, 2014, 79). El Congreso convocó *"a un amplio espectro, y considerando un arco ideológico que iba desde la izquierda más antiestalinista, particularmente excomunistas, anarquistas, trotskistas y socialistas, hasta el liberalismo conservador, pasando por el liberalismo progresista"* (79). Siguiendo la estela de otros autores como Arthur Koestler, André Gide o Ignazio Silone, Eunice Odio podría haber evolucionado orgánicamente desde posiciones de izquierda críticas al estalinismo hacia posiciones anticomunistas en clave excomunista.

Una serie de artículos públicos en el New York Times entre el 25 y el 29 de abril de 1966, mostró que el congreso había sido promovido por la CIA (Agencia Central de Inteligencia), lo que ha abierto el paraguas de la discusión sobre si Eunice Odio podría haber colaborado o no con los aparatos de seguridad y espionaje.

4) La izquierda política y la segunda mitad de siglo. El desafío al Partido Comunista de Costa Rica

El Partido Comunista de Costa Rica se fundó el 16 de junio de 1931 (Contreras, 2011, 10) utilizó ese nombre hasta el 13 de junio de 1943, cuando en una Conferencia Extraordinaria, se disolvió e inmediatamente adoptó el nombre Partido Vanguardia Popular y un nuevo programa (Vega Rodríguez, 1980, 311). Con este nombre ha sido mayoritariamente conocido, en la segunda parte del siglo XX. El cambio de nombre estaba asociado a la aplicación a fondo de las tesis browderistas que impactaron a los estalinistas latinoamericanos después de la Conferencia de Teheran[1].

El nombre de Partido Vanguardia Popular se utilizó hasta noviembre de 1983 cuando los estalinistas costarricenses se dividen en dos grupos: el Partido del Pueblo Costarricense (PPC), dirigido por la familia Mora Valverde y el Partido Vanguardia Popular dirigido por Humberto Vargas Carbonell y Arnoldo Ferreto. El nombre de las organizaciones fue resuelto

---

[1] Aunque en el "sentido común" de la izquierda estalinista y filoestalinista se presenta la disolución del Partido Comunista de Costa Rica y la construcción del Partido Vanguardia Popular como una idea originalísima y peculiarmente costarricense, la verdad es que el mismo gesto se puede encontrar en otros partidos del hemisferio, particularmente en el Partido Comunista de Cuba, quien siempre tuvo un importante ascendente sobre los comunistas costarricenses (Masson Sena, 2017, pp. 245-263).

a través de un litigio en el Tribunal Supremo de Elecciones a mediados del año 1984 (Contreras, 2011, 76).

El PPC se disolvió en Fuerza Democrática en el año 2001, esta a su vez desapareció después de las elecciones de 2010, el PVP sigue existiendo hasta el momento en que se escribe esta tesis, pero su existencia es marginal y testimonial. Su última participación electoral fue en el proceso del 2006.

Parece haber un acuerdo entre los historiadores y políticos venidos del PVP en que los años 1943-1948 se cometieron "desviaciones de derecha" o "desviaciones browderistas" (Merino, 1996, 106); (Contreras, 2006, 60) es decir, una política que contribuía al "colaboracionismo de clase" y que por lo tanto era una desviación del marxismo, tal como ellos lo entendían.

Este acuerdo no parece ser contradictorio con un reivindicación política básica de lo actuado por el PVP en la década de los cuarenta, la reivindicación comunista costarricense se realiza en una clave muy similar a la interpretación de Zizek del concepto hegeliano de "Astucia de la Razón" (2008, 77), donde elementos fortuitos, arbitrarios e inesperados contribuyen a un bien final y por lo tanto justifica hacia atrás todo lo actuado.

Por ejemplo para Merino (1996, 19) los comunistas costarricenses han contribuido a modelar los contenidos democráticos del sistema político costarricense, inclusive sus opositores políticos acuerdan que han sido claves en el establecimiento de "un régimen político de convivencia civilizada con una orientación social avanzada", por lo tanto pese a las "desviaciones" lo actuado por los comunistas durante 1943-1948 es reivindicable y necesario.

En Costa Rica, el monopolio del Partido Comunista de Costa Rica/Partido Vanguardia Popular del espacio político de izquierda se rompe entre 1959 y 1963, es decir después de la posguerra mundial (1945-1953), de la Conferencia de Bandung y el surgimiento del Movimiento de países no alineados (1955), de la desestalinización kruschoviana y poco antes de los primeros signos de la crisis chino-soviética. No tenemos registros de un desafío venido del anarquismo, del trotskismo, la socialdemocracia, el nacionalismo popular o el titoísmo a la hegemonía vanguardista en el campo popular costarricense. Lo cual probablemente le ha dado al debate político de la izquierda costarricense un carácter a veces elemental.

La mayoría de analistas coinciden que esta situación hegemónica de los vanguardistas, se rompe o es cuestionada a partir del efecto expansivo que tuvo el triunfo, consolidación y radicalización de la revolución cubana en la vanguardia política latinoamericana (Araya, 1988, 147), (Iglesias, 1984, 107-108).

Es importante aclarar en relación con las organizaciones inspiradas por el impulso político que nace de la revolución cubana, que en el caso costarricense, su radicalización política es tardía (Gracia, 1984, 18), aunque su nacimiento formal si coincidiría con la primera ola del guevarismo latinoamericano. Es decir las organizaciones guevaristas costarricenses, surgen en el mismo momento que las organizaciones político militares de la nueva izquierda, pero sólo comparten esta visión en el terreno de la propaganda política y de la solidaridad internacional, su "guevarismo" no desemboca en un lucha militar, sino ya tardíamente.

"En ningún momento se lanzó la consigna de la lucha armada" dice José Fabio Araya (1988, 151). Para Iglesias el Partido Revolucionario Auténtico: "Tampoco aplicó en la práctica el método foquista. Nace (…) supeditado a la influencia internacional de otras organizaciones fraternales y a la acción de propagandista de sus posiciones. Su trabajo concreto se limita a estos dos ejes." (1984, 112).

Es en este plano muy significativa la explicación que realiza Sergio Erick Ardón en sus memorias (2019, 235-238), la preparación militar para la lucha de clases, él la reseña como "salidas" (2019,235) que era el nombre conspirativo que se le daba en el seno del MRP. El mismo Ardón asegura que el MRP logro movilizar hasta 150 personas en nueve "salidas" (operativos militares) sin ser detectados por la policía (2019, 237) (esto no lo podemos saber a ciencia cierta). Ardón asegura que esta decisión fue tomada unánimemente por los 28 miembros del Comité Central del MRP (2019, 238). Estas tres páginas de testimonio de nos permiten visualizar que si bien, había una simpatía con los gestos y los ejercicios del guevarismo, y se consideraba la lucha guerrillera como posible en casos de invasión exterior o como solidaridad hacia otros procesos, el lanzamiento de una guerra de guerrillas, nunca fue más que una hipótesis de lo que podría ocurrir si la situación se agravaba.

En el año 1960 surge "La sociedad de amigos de la revolución cubana", la cual dará un apoyo efímero al Partido Acción Democrática Popular en 1962 y luego en 1963, de los militantes de esa experiencia surgirá el Partido Revolucionario Auténtico.

Pero parece haber un acuerdo de los analistas que el verdadero desafió a la ideología y la política del Partido Vanguardia Popular, surge tardíamente, a partir de la primera década de los años setenta cuando surgen dos formaciones políticas: El Partido Socialista Costarricense y el Frente Popular Costarricense. Hay otras organizaciones que se suman a este desafío como son las dos alternativas trotskistas: la Organización Socialista de los Trabajadores y el Partido Revolucionario de los Trabajadores, estas hacia finales de los años setenta (Araya; 1988, 143-160); (Ruiz, 1984; 126); (Contreras: 2006, 113-132); (Salom, 1987, 107).

También a finales de los setenta e inicios de los ochenta existirá una alternativa inspirada en la Guerra Popular Prolongada: "La Familia", si seguimos el texto de David Díaz (2018, 79-126) sobre el crimen de Viviana Gallardo, podemos confirmar que la organización político-militar *La Familia* también sería parte de la Nueva Izquierda.

Según los datos que aporta Díaz, *La Familia* vendría funcionando desde 1976, es decir es simultánea al surgimiento del trotskismo y tendría cerca de 100 personas organizadas alrededor de su proyecto de guerra popular prolongada (Díaz, 2018, 98). Un dato ideológico muy interesante es que inclusive los autores de izquierda no incluyen a *La Familia* en el listado de organizaciones de la Nueva Izquierda. Tampoco se valora su fracaso político como un elemento a tomar en cuenta en la crisis que vive la izquierda política en los años ochenta, aunque La Familia sería propiamente dicha la primera organización de la Nueva Izquierda que desaparece y la única que lo hace a través del rigor del sistema policial y penal: "El 2 de setiembre de 1983, el Tribunal Superior Segundo Penal aplicó penas de entre 3 y 15 años a 15 de las 19 personas que habían sido involucradas con el grupo La Familia" (Díaz, 2018, 123).

Por lo tanto, desde el punto de vista temporal podemos decir que el proceso de desafío al estalinismo y de decadencia general de la Nueva Izquierda, pero también de la izquierda política en general, es un período muy corto de tiempo. Si el pico del desafío está al inicio de los setenta y el inicio de la crisis a inicios de los ochenta estamos hablando de un período de 15 años, dos décadas a lo sumo. Este es el período que nos disponemos analizar.

La herencia y crisis estalinistas en el Partido Vanguardia Popular

Los principales debates políticos que tuvo la izquierda en la segunda parte del siglo XX, estuvieron marcados por lo que la tradición estalinista llamó la "crisis del movimiento comunista internacional" y la tradición trotskista llamó la descomposición del estalinismo[2].

La etiqueta "crisis del movimiento comunista internacional", se instaló en el lenguaje de la izquierda de origen estalinista, cuando la crisis era ya más que evidente. En este sentido es más un término ideológico que una explicación teórica, es decir *"un conjunto de enunciados no justificados objetivamente, en los cuales ciertos motivos psicológicos (intereses, preferencias, etc.) inducen a creer en ellos pese a carecer de razones suficientes para fundarlos"* (Villoro, 1985, 27).

El término "crisis del movimiento comunista internacional" justifica en término de "desviaciones" de derecha o de izquierda fenómenos muy desiguales: 1) La desestalinización del PCUS después del vigésimo congreso de la URSS. 2) La crisis chino-soviética y la división de los partidos comunistas en dos orientaciones políticas distintas: "prochinos" y "prosoviéticos". 3) El surgimiento del castro guevarismo es decir de la nueva izquierda latinoamericana. 4) El desarrollo del movimiento de liberación nacional en Asia, África y América Latina. 5) El desarrollo y malestar de los marxistas occidentales con la "línea oficial" soviética en filosofía, estética y epistemología y como esta era impuesta en el mundo de la actividad académica, artística, científica y cultural por los agentes culturales de los partidos comunistas. 6) Las manifestaciones y revoluciones democráticas contra el sistema estalinista de dominación. 7) El malestar que provoca en la opinión publica occidental la actitud de los Partidos Comunistas hacia los movimientos de democratización en los países con regímenes estalinistas. 8) El surgimiento del eurocomunismo en los países capitalistas centrales y algunos periféricos de Europa. 9)

[2] Por ejemplo en *La Dictadura Revolucionaria del Proletariado* (1979) de Nahuel Moreno, se caracteriza el eurocomunismo como un fenómeno en sí mismo reaccionario por su adaptación a la democracia burguesa, pero enmarcado en un fenómeno progresivo que es la descomposición del aparato estalinista (2003, 19).

El desafío de las revoluciones democráticas y socialistas al sistema bipolar pactado en Yalta y Postdam.

Pero como señalamos esta etiqueta se impone cuando la crisis social y política de los países con regímenes estalinistas y de los Partidos Comunistas es más que evidente. Antes de aceptar la crisis en el terreno político-estratégico, hubo distintas formas ideológicas de enfrentar la crisis teórica y política dentro del estalinismo[3].

Reseñaremos la cuadrícula principal de estos debates político-ideológicos.

El triunfo del Eje aliado en la posguerra, le permitió a la conducción estalinista de la URSS reforzar en el imaginario[4] del campo popular la idea que existía una continuidad entre la revolución rusa y la Unión Soviética que combatió en la segunda guerra mundial.

Hemos reseñado el poema estalinista de Neruda del año 1954, pero vemos manifestaciones estéticas al interior del Partido Comunista Costarricense, que muestran la predominancia de este imaginario que ponía un continuum entre la revolución rusa y la conducción estalinista.

Así por ejemplo en la edición 480 del periódico de *Trabajo*, del 7 de marzo de 1942, se publica un poema de una

---

[3] Louis Althusser (2008 [1977]: 291) hace una esquematización de las formas ideológicas en que se enfrentó la crisis en el seno del estalinismo: 1) No hay tal crisis, son los enemigos los que hablan de crisis. 2) La segunda es vivir y sufrir la crisis, pero no reflexionar sobre ella y 3) Recibir la crisis como un momento de posible vitalidad.

[4] En una definición básica de Castoriadis, el imaginario social sería: "es la posición (en el colectivo anónimo y por este) de un magma de significaciones imaginarias, y de instituciones que las portan y las transmiten. Es el modo de presentificación de la imaginación radical en el conjunto, produciendo significaciones que la psique no podría producir por sí sola sin el conjunto. Instancia de creación del modo de una sociedad, dado que instituye las significaciones que producen un determinado mundo (griego, romano, incaico, etc.) llevando a la emergencia de representaciones, afectos y acciones propios del mismo" (Franco, 2003, 178).

muchacha de 15 años, presentada como una "promesa de la
nueva poesía femenina", que "no será material de suspiros ro-
mánticos, ni vagabunderías imagineras adecuada a servir de
deleite a esnobistas de salón, sino que será voz y acción, en
canto en las ramas del árbol del pueblo" (3). El poema es un
poema dedicado a Stalin. Reproducimos algunos fragmentos:

"Cabeza de genio cubierta de negros mechones,
sonrisa que inspira confianza,
vestido de humilde soldado,
sangre ardiente corriendo en las venas,
ese, es Stalin.
Razón y verdad, empeño de acero,
pensamiento sano en cerebro grande,
ese, es Stalin,
El Soviet entero
ardiendo en deseos de superación:
la fábrica enorme,
la gran Plaza Roja en día de fiesta,
todo eso es Stalin.
En cada sonrisa de niño soviético,
en cada mirada de hombre soviético
en cada rugido de tractor soviético,
en cada canción,
en cada cosecha de campo soviético,
hay mucho de este hombre-gigante.
(...)
¡Gloria al gran Stalin! ¡Gloria a lo que vale!
¡Muerte a lo podrido! ¡Muerte a la mentira!
¡Victoria en el Soviet! ¡Victoria en el mundo!
¡Vivan Marx y Lenin! ¡Viva el gran Stalin!

La situación no varía, ni con el cambio de nombre del
partido, ni con el fin de la Segunda Guerra Mundial, ni con
el inicio de la guerra fría.

El 16 de febrero de 1946, en el periódico *Trabajo*, además de analizar los resultados electorales del Partido Vanguardia Popular, publica en su página 3 un discurso entero del Mariscal José Stalin, recién electo al Soviet Supremo, el eje del discurso estaliniano es señalar que el triunfo contra la Alemania nazi, no sólo es producto de la bravura del pueblo ruso, sino que fue producto de la industrialización, la colectivización agraria y el plan quinquenal dirigidos por el Partido Comunista. La guerra había demostrado que *"la forma de vida soviética es más estable que algunas formas de gobiernos no soviéticos"*.

El 8 de marzo de 1947, la portada del periódico *Trabajo* lleva una frase de José Stalin en la parte principal de la portada. En la esquina superior derecha se lee la siguiente frase: "El Marxismo parte del supuesto de que las aptitudes y las necesidades de los hombres no son y no pueden ser iguales".

Los hechos históricos han mostrado extensamente lo equivocado que es la identificación de la dirección estalinista con la derrota de los nazis en la guerra, la dirección de la URSS facilitó la agresión nazi a través del Pacto Ribbentrop-Molotov (1939)[5] y con el sistema de purgas que afecto la capacidad combativa del Ejército Rojo[6].

---

[5] "El Pacto de no agresión firmado por los ministros de relaciones exteriores Molotov-Ribbentrop, fue precedido por un acuerdo comercial que beneficiaba económicamente a la URSS y le garantizaba a Alemania el abastecimiento de petróleo y materias primas mientras lanzaba su ofensiva hacia Occidente, también le permitía llegar a América a través de la costa oriental. El pacto fue firmado el 22 de agosto de 1939 y fue ratificado por el parlamento stalinista el mismo día que Hitler invadía Polonia, el 1° de setiembre de 1939. Posteriormente, Hitler entregó como prenda de la alianza la parte este de Polonia a la URSS, que el stalinismo aceptó a su vez, como garantía contra Hitler" (Trotsky, 2004, 93).

6 Señalan Andrea Polaco y Liliana Ogando Caló en su estudio introductorio a los Escritos Militares de León Trotsky señala: "El relevo del "mariscal" Tujachevsky

No obstante los hechos históricos, la barbarie nazi y el heroísmo de las masas soviéticas llevaron a la victoria soviética en Stalingrado y luego a la liberación del Este de Europa. Ya antes del fin de la guerra, en Yalta y Postdam hubo un reparto de zonas de influencia entre la Unión Soviética y los Estados Unidos[7]. Así quedaron configuradas las líneas diviso-

---

de su puesto de vicecomisario de Defensa, en mayo de 1937, y de los comandantes de los distritos militares y los generales más destacados, fueron medidas que presagiaban la andanada de la contrarrevolución burocrática. Trotsky explicó de la siguiente manera el motivo de esta política: "Los generales se apresuraron a defender al Ejército Rojo de las intrigas desmoralizadoras de la GPU. Defendieron a los mejores oficiales de las acusaciones falsas. Se resistieron al establecimiento de la dictadura de la GPU sobre el Ejército Rojo bajo la apariencia de 'soviets militares' y 'comisarios'. Los generales lucharon por los intereses de la seguridad de la Unión Soviética contra los intereses de la seguridad de Stalin. Esa es la razón por la cual murieron. Así, desde las contradicciones vacías y el montón de mentiras del nuevo juicio, la sombra del mariscal Tujachevsky se levanta con un atronador llamamiento a la opinión pública mundial. Entre 1937 y 1938 las purgas decapitaron al Ejército Rojo. Entre 20 y 35.000 oficiales, el 90% de los generales y el 80% de los coroneles fueron asesinados" (2006, 89-90).

7 "A partir de esta posguerra, (...) se establece un frente único contrarrevolucionario entre el imperialismo y la burocracia del Kremlin, sobre la base de la coexistencia pacífica, concretado en Yalta –febrero 1945–, Postdam –julio-agosto 1945– y el nuevo ordenamiento mundial: la ONU, el reparto de zonas de influencia, etcétera. Aunque se produce "la guerra fría" y profundos roces entre Washington y Moscú, aunque se dan varias guerras calientes contrarrevolucionarias, como las de Corea e Indochina –Vietnam–, tanto Washington como Moscú actúan en general de acuerdo y defendiendo ese nuevo orden mundial organizado en Yalta y Postdam. Stalin y Roosevelt se dividen el mundo en dos bloques controlados por el imperialismo norteamericano y el Kremlin, con el objetivo de frenar, desviar, aplastar o controlar la revolución de los trabajadores en el mundo. (...) Gracias a este acuerdo contrarrevolucionario y a la colaboración indispensable del estalinismo, el imperialismo estadounidense puede implementar el "plan Marshall" que lleva al establecimiento y estabilización de la economía capitalista en el occidente de Europa y en Japón, y la división de Alemania y su proletariado. Este apoyo a la contrarrevolución en Japón y en Europa por parte del Kremlin le permitió al imperialismo lograr el boom económico de cerca de veinte años. (...) Gracias

rias de la futura "Guerra Fría" y reforzó en la mentalidad de los sectores populares y de la izquierda política la ideología que el socialismo y el capitalismo eran sociedades paralelas.

Hemos ya descrito como el texto del IX Congreso del PVP, realizado en 1962, se toma como tesis central que desde el fin de la guerra, la principal característica de la situación mundial es que la correlación de fuerzas le favorece al socialismo y que el mundo socialista incluye 1.000 millones de seres humanos.

Esta idea era compartida no sólo por los estalinistas, sino que también por la nueva izquierda latinoamericana, es expresivo como entiende el problema Enrique Gorriarán Merlo, uno de los principales dirigentes del Ejército Revolucionario del Pueblo argentino:

"Visto desde la óptica del movimiento revolucionario, el propósito era tomar el poder para sumarnos al bloque socialista, que considerábamos cercanos a nuestros principios. Y el método de lucha, al estar coartadas las posibilidades electorales, consistía en la utilización de todas las formas de resistencia, incluso la armada. Dicho período terminó entre fines de los 80 y principio de los 90, con el desplome del Este europeo" (Petras, 2004, 307).

La fuerza de esa ideología llega hasta las filas de la Cuarta Internacional; en 1951, Michael Pablo uno de las principales figuras del trotskismo sostiene:

"la realidad social objetiva está compuesta, esencialmente, por el régimen capitalista y el mundo estalinista. Además, nos guste o no, estos dos elementos en gran medida constituyen la realidad objetiva social, dado que la abrumadora mayoría

---

al Kremlin el imperialismo pudo compensar su crisis a nivel imperialista con su estabilización como capitalismo metropolitano, es decir, compensar la expropiación del capitalismo en países relativamente periféricos -limítrofes de la URSS-, lo que le permitió mantener su hegemonía sobre la economía mundial y lograr un proceso de acumulación y desarrollo capitalista inigualado en los países metropolitanos." (Moreno, 1990, 25-26).

de las fuerzas que se oponen al capitalismo está, en estos momentos, dirigida o influenciada por la burocracia soviética" (Pablo, 1951, 3).

Nuestra interpretación es otra, más cercana a la interpretación que presentan Pierre Broué (1973, 594-595) y Nahuel Moreno (1990, 25-26).

Así, la política original del liderazgo soviético era construir un sistema de "Estados tapones" entre Rusia y el occidente capitalista y construir de esta forma una barrera que evitara las agresiones militares. Originalmente estos Estados aunque "amigos" de la URSS, iban a ser estados capitalistas pero con un gobierno que incluyera un sector de la burguesía y al partido comunista prosoviético.

La crisis política de la posguerra, cambio esta orientación, el sector de la burguesía que estaba en los distintos gobiernos desertó o se terminó de desintegrar, dejando sólos en el gobierno a los partidos comunistas pro soviéticos, que eventualmente realizaron en su propia defensa modificaciones en las relaciones de propiedad (nacionalización de los principales medios de producción, monopolio del comercio exterior, inicio de la planificación económica centralizada). Señala Pierre Broué en *La Historia del Partido Bolchevique* (1973):

"En mayo de 1945, el dirigente comunista checo Gottwald anuncia, en el curso de un vibrante discurso, el nacimiento de una "revolución democrática y nacional"", apartando así la perspectiva de una "revolución socialista". Por su parte, Walter Ulbricht afirma en la conferencia del partido alemán:"Algunos obreros pretenden comenzar inmediatamente la construcción del socialismo. Ello no es posible." Se inicia el ataque contra los organismos autónomos de clase. Los emisarios de Ulbricht organizan la disolución de los comités antifascistas y la integración de sus miembros en la administración que funciona bajo la autoridad de las fuerzas rusas de ocupación. Al reorganizar el partido y los sindicatos desde arriba, el aparato consigue disolver los consejos de empresa. Se ordena a los trabajadores checos que entreguen sus armas. El control obrero, al que como primera medida se priva de todo contenido mediante la administración de las fábricas por el Ejército Rojo, termina por ser suprimido en Checoslovaquia donde los rusos devuelven la autoridad civil a los enviados del gobierno emigrado de Londres. Cuando la administración es instituida por inspiración del ejército ruso, los representantes del aparato emprenden una búsqueda frenética de representantes de los antiguos partidos burgueses para que ocupen los puestos más representativos: la"democracia de nuevo tipo" no puede concebirse sin la presencia de estos hombres respetables. Estos últimos estarán de acuerdo con los representantes del aparato al decidirse a aceptar las nacionalizaciones checas, a cuyo respecto Uno de ellos, Hubert Ripka, escribe:"por lo menos se evitarían los disturbios sociales: era una ventaja sustancial". Asimismo los propios comunistas checos proponen "renovar" el consejo central de los sindicatos mediante una representación paritaria de miembros designados por todos los partidos, con el evidente objeto de eliminar su autoridad rival.

En el tipo de Estado reconstruido durante la ocupación del ejército ruso y en el que los representantes del aparato se han reservado los sectores clave de la policía y el ejército, los dirigentes comunistas emprenden la constitución de un partido de tipo estaliniano, tratando de conseguir en primer lugar la fusión con los partidos socialistas demasiado permeables a la oposición de izquierda. Cuando la ola revolucionaria retrocede los hombres del aparato han copado ya todos los puestos de mando y están dispuestos a iniciar un nuevo viraje. Como afirma Paul Barton,"la democracia popular, concebida como una alianza del Partido comunista con el aparato de Estado y con una burguesía desintegrada por seis años de ocupación nazi, se reveló irrealizable por su incompatibilidad con las relaciones sociales existentes" (1973, 594-595).

Estos hechos tuvieron que ser interpretados, la tradición estalinista como hemos visto antes en el caso del PVP, explico el fenómeno como una "ampliación del campo socialista" a once naciones más, la tradición trotskista determinó que era un proceso anómalo un especie de "revolución en frío" pero que el cambio en las relaciones sociales era progresivo y los transformaba en Estados obreros deformados burocráticamente. Ya había un antecedente similar con Trotsky en vida, cuando la URSS invadió la mitad de Polonia y Finlandia[8]. Es importante señalar que la opresión burocrática y nacional se mantenía por lo cual la revolución política seguía siendo necesaria. La tradición antidefensista reforzó su idea que había en curso una expansión del colectivismo burocrático o del capitalismo de Estado.

La política de corresponsabilidad en la contención del proceso revolucionario de la posguerra tuvo, obviamente resultados desiguales, por un lado el desvío de la situación revolucionaria italiana y francesa de 1943-1944 que permitió la estabilización del capitalismo occidental, el aplastamiento de la revolución griega de 1944-1946 a través de la cooperación entre los partidarios de la monarquía y las tropas estadouni-

---

[8] "Como la dictadura stalinista se basa en la propiedad estatal y no en la privada, el resultado de la invasión de Polonia por el Ejército Rojo será la abolición de la propiedad capitalista, para poner el régimen de los territorios ocupados de acuerdo con el régimen de la URSS.

La medida, de carácter revolucionario −"la expropiación de los expropiadores"− será llevada a cabo por métodos burocrático-militares. La llamada a la actividad independiente de las masas en los nuevos territorios −y sin esta llamada, aunque se oculte con gran cuidado, es imposible construir un nuevo régimen− será sustituida por medidas políticas de rutina destinadas a asegurar la preponderancia de la burocracia sobre las desilusionadas masas revolucionarias" (Trotsky, 2008, 18-19).

dense-británicas (Broué, 2012) y finalmente el triunfo de la revolución yugoslava en 1945, que presentaba por primera vez una dirección política de cuño estalinista, pero independiente de la URSS y sustentada sobre su propia tradición de lucha y su propio poder estatal.

Como es sabido, Yugoslavia tomó un camino diferenciado de la URSS, primero con una ruptura entre Tito y Stalin en 1948 y luego con la oposición de la dirección yugoslava de participar en el Pacto de Varsovia, los yugoslavos a la vez inspiraran el movimiento de países no alineados en 1956. También fue la primera burocracia estalinista que restauró el capitalismo[9]. Fue la primera "crisis del movimiento comunista internacional", pero no hay registro que tal crisis tuviera alguna influencia en la izquierda política costarricense.

No es así con la otra serie de procesos políticos en concreto la revolución china y la revolución cubana, que si jugaron un papel ideológico en la construcción de las variantes políticas de izquierda que competirán con el PVP, y de las cuales Rodolfo Cerdas Cruz y Álvaro Montero Mejía serán sus ideólogos.

Por ejemplo, en el texto de Rodolfo Cerdas Cruz *Formación del Estado en Costa Rica* (1978, 3), Cerdas se posiciona desde la tradición maoísta para criticar las desviaciones soviéticas en la comprensión de la teoría leninista de Estado. Este desarrollo teórico, es el marco con el que Cerdas luego desarrolla su investigación sobre la formación del Estado en Costa Rica.

---

[9] Para 1963 con la nueva constitución yugoslava, aparece la ideología del socialismo "autogestionario", que en realidad hoy entendemos que fue la forma primitiva de la ideología del "socialismo de mercado" chino y cubano y por lo tanto la primera forma de restauración capitalista. Yugoslavia fue la primera ocasión que gracias a los regímenes estalinistas se pasaba de un Estado obrero burocrático a una dictadura capitalista, historia que se repetiría en China en 1978, Rusia en 1985, Cuba en 1994 (Gowan, 2000), (Huberman y Sweezy, 1964, 3-23).

Otro ejemplo en el segundo congreso del Partido Socialista Costarricense realizado en 1975 se señala: "Cuba inicia en América Latina a época de las revoluciones socialistas. La revolución cubana abre una época nueva en nuestro Continente. Ella representa para nuestros pueblos lo mismo que representó la creación de la URSS y el triunfo de la Revolución Rusa, para los pueblos de Asia y Europa" (1975, 43).

En el caso de Rodolfo Cerdas Cruz y el Frente Popular Costarricense su adhesión al maoísmo se realizará en el año 1969, las simpatías de Álvaro Montero Mejía con la revolución cubana datan de 1959-1960.

Aunque al revés en el tiempo de aparición haremos un pequeño resumen de que significó el maoísmo y el castrismo en la izquierda política mundial.

Las peculiaridades de los procesos revolucionarios de la posguerra

Si se comparan los procesos revolucionarios de la primera parte del siglo XX, con los de la segunda parte se puede ver con claridad una serie de diferencias teóricas, políticas y estratégicas muy notables que fueron la clave de las diferenciaciones políticas, pero también el sustrato del cual van a venir las innovaciones teóricas y estratégicas del marxismo en la posguerra.

En un resumen un poco escueto las revoluciones de primera parte de siglo XX, tuvieron su epicentro en los países capitalistas centrales, tuvieron como sujeto social privilegiado a la clase obrera, más específicamente a la clase obrera de las principales empresas industriales y extractivas. Los métodos de lucha centrales fueron la huelga general y la insurrección obrera y popular, en estos procesos la forma sociopolítica central que surge fueron formas de democracia soviética, de democracia socialista (VVAA, 1972), al frente de estos procesos habían partidos políticos comunistas que de mayor o menor forma se identificaban con la estrategia leninista y con los valores políticos de la revolución de octubre (internacionalismo proletario, democracia soviética, revolución permanente, etc.).

En este tipo de procesos podemos incluir la revolución húngara de 1919, la revolución alemana de 1923, el movimiento huelguístico de Turín en 1920, el movimiento de los shop stewards en Inglaterra[10], la revolución española de 1931-1939, el ascenso francés de 1936, sin ser un país capitalista central tuvo características similares la revolución china de 1925-1927[11]. De todos estos procesos sólo la revolución rusa saldrá triunfante.

Los procesos de la segunda parte del siglo XX serán muy diferentes: tuvieron su epicentro en países del capitalismo periférico, su sujeto social privilegiado fueron los campesinos y/o los pobres urbanos en el caso chino los sectores más atrasados del campesinado chino[12].

Los métodos centrales de lucha fueron la resistencia guerrillera y la guerra civil prolongada, su forma sociopolítica

---

[10] La mayoría de documentos programáticos de estos procesos revolucionarios de la inmediata posguerra se pueden consultar en la antología Consejos Obreros y Democracia Socialistas (1972) editado por Cuadernos de Pasado y Presente.

[11] Son de referencia obligada los textos de León Trotsky dedicados a la Revolución China, La Segunda revolución china: notas y escritos de 1919 a 1938 (1976) publicados por el Editorial Pluma.

[12] Fairbank describe así la región de Yenan: "Desde el neolítico hasta el presente, el pueblo de China del Norte ha construido viviendas en fosas o casas en cuevas sobre el fino y volátil suelo amarillo de los loes, que cubre cerca de 260.000 kilómetros cuadrados de la China del noroeste, hasta una profundidad de 45 metros o más. El loes tiende a resquebrajarse verticalmente, lo que resulta muy útil para este propósito. Cientos de miles de personas viven hasta hoy en cuevas construidas en los costados de los farallones de los loes" (Fairbank, 1992, 36). Es en estas cuevas en las que se refugiaron y vivieron durante años (1937-45) Mao y su Ejército Rojo campesino tras llegar a Yenan luego de la "Larga marcha".

central fue el ejército guerrillero, aunque este ejército tuviera como antecedente el partido comunista (que es el caso chino), en general sus formas políticas más que internacionalistas, buscaban construir una tradición y una narrativa revolucionaria anclada en las tradiciones nacionales de lucha revolucionaria y democrática

A propósito del maoísmo, Isaac Deutscher dirá:

"El maoísmo, desde el principio fue semejante al bolchevismo en dinamismo y vitalidad revolucionaria, pero se diferenció de él por su relativa estrechez de horizontes y por la falta de contacto directo con los desarrollos críticos del marxismo contemporáneo. Uno vacila al decirlo, pero lo cierto es que la revolución china, que por su ámbito es la mayor de todas las revoluciones de la historia, fue dirigida por el más provinciano e "insular" de los partidos revolucionarios" (1975, 106).

En esta tesitura de "provincianismo" o "insularismo" el caso más representativo será el Movimiento 26 de Julio y su vínculo con tradición martiana[13], pero también se encuentra con mucha claridad en Mao y sus meditaciones sobre el pasado filosófico, político y militar de China[14].

En estos procesos la dimensión, nacional, antimperialista y anticolonialista era muchísimo más marcada y ya en su forma estatal no encontraremos formas soviéticas o autogestionarios

---

[13] Es conocido que en el alegato político judicial de Fidel Castro conocido como La Historia me absolverá, Castro sostiene la tesis que el autor intelectual del Asalto al Cuartel Moncada es José Martí. En la tradición revolucionaria cubana, el asalto al Moncada es el punto de inicio de la revolución cubana. Hasta nuestros días la constitución cubana señala que es guiada por el ideario de "José Martí y las ideas político-sociales de Marx, Engels y Lenin".

[14] "Durante la Era de Primavera y Otoño, encontrándose en guerra los Estados de Lu y Chi, el príncipe de Lu, Chuangkung, quería atacar antes de que las tropas de Chi se fatigaran, pero Tsao Kui se lo impidió. Entonces el príncipe adoptó la táctica de "cuando el enemigo se fatiga, lo atacamos", y derrotó al ejército de Chi. En la historia de las guerras de China, éste es un ejemplo clásico de victoria lograda por un ejército débil sobre uno poderoso." (1972, 106).

de conducción, sino formas verticales y burocráticas, que en algún momento podrían cobrar dimensiones ultraizquierdistas, como por ejemplo durante la revolución cultural china o la ofensiva revolucionaria cubana de 1968, formas en mucho similares a las formas del *"tercer período estalinista"*[15].

Es enmarcado en estos dilemas estratégicos de la posguerra que intelectuales orgánicos como Manuel Mora, Álvaro Montero Mejía y Rodolfo Cerdas, buscarán producir documentos teóricos, históricos y políticos para orientar la práctica política de las tres principales organizaciones de izquierda en el país durante las décadas del setenta y el ochenta: el Partido Vanguardia Popular, el Partido Socialista Costarricense y el Frente Popular Costarricense. Es justamente en este marco teórico y práctico que intentarán dar una respuesta a los desafíos de la revolución nicaragüense y a la crisis del socialismo histórico.

---

[15] "Hacia 1927 diversos factores, tales como la estabilización económica europea, el trágico fracaso de las tácticas de frente unido en China y la lucha por el poder en el seno del Partido Comunista y del Estado soviético, dieron como resultado un repentino cambio de tácticas a partir del Sexto Congreso de la Internacional Comunista realizado en Moscú entre el 17 de julio y el 1 de setiembre de 1928.

Nikolái Bujarin (cuya alianza con Iósif Stalin empezaba a desmoronarse debido a la ruda campaña desarrollada en su contra por la mayoría stalinista del Politburó soviético) anunció que estaba comenzando un "tercer período" de desarrollo económico capitalista de posguerra, caracterizado por crisis económicas aceleradas, radicalización de las masas trabajadoras, agudización del conflicto de clases y guerras imperialistas que conllevarían un ataque armado a la Unión Soviética. La crisis por venir, vaticinaba Bujarin, podría culminar en el colapso definitivo del capitalismo. Los partidos comunistas debían, por tanto, prepararse para luchas decisivas, acerándose, superando sus debilidades y alcanzando la hegemonía en el movimiento obrero de sus respectivos países. Ni colaboración ni pactos con los socialdemócratas ni con otros reformistas eran posibles, puesto que ante una situación revolucionaria, dichos sectores revelarían su carácter de servidores del capitalismo y de "socialfascistas" o mano izquierda de la burguesía. Los comunistas tenían que denunciarlos y abocarse a eliminar completamente la influencia que aún ejercían sobre la clase obrera. Sólo la táctica de "frente unido desde abajo" (con exclusión absoluta del "frente unido por arriba") era permitida a los comunistas del mundo entero" (Grez Toso, 2015,470).

5) Interpretación teórica del pensamiento político de Manuel Mora

El análisis del pensamiento de Manuel Mora que realizamos está circunscrito a un período muy preciso de tiempo los años entre 1979 y 1991. Buscamos entender sobre todo las posiciones teórico-políticas de este autor ante fenómenos como el surgimiento de la "nueva izquierda" latinoamericana[1], la revolución sandinista y la crisis del socialismo histórico.

Si es necesario haremos un recorrido hacia atrás en el tiempo con el objetivo de precisar algunos detalles sobre cómo Mora enfocaba determinados problemas teóricos o políticos.

A diferencia de otros intelectuales, que producto de acontecimientos como las guerras o las revoluciones modifican abruptamente sus opiniones filosóficas y políticas, en Manuel Mora no hay un giro abrupto de su orientación, sino que siem-

---

1 Podríamos denominar Nueva Izquierda a un conjunto de fuerzas sociales y políticas surgidas bajo el ejemplo del triunfo de la revolución cubana, estas fuerzas sociales heterogéneas, no tuvieron una identidad programática y organizativa, como lo fueron los Partidos Comunistas organizados alrededor de la Internacional Comunistas y sus 21 condiciones, sino que está heterogeneidad de fuerzas y proyectos terminó cobrando una identidad política de hecho producto de las prácticas políticas, el castrismo es "un taller de ideas, de organizaciones, de armas y proyectos" (1976, 44) había sentenciado Regis Debray.

pre fue muy coherente en su interpretación filosófica y política del marxismo.

Hemos mostrado en otros trabajos (Herrera, 2008), (Herrera 2009) que el único cambio notable en la obra de Manuel Mora es el que se produce en el año 1936, cuando abandona los aspectos más izquierdistas del programa (el planteamiento de la necesidad de soviets) (De la Cruz, 1984, 249), consecuentemente modera los métodos (lucha directa, antiparlamentarismo) (Amador, 1980, 78), las consignas y las formas discursivas (antiintelectualismo, lenguaje combativo) del PC CR en sus primeros años.

El abandono en el terreno de la política de aspectos importantes del programa, no fue un abandono de la mirada filosófica que se tenía sobre la vida social. Hay un elemento que sí es unitario en el pensamiento de Mora, que es su adhesión a una Filosofía de la Historia[2] organicista, fatalista y determinista.

Elementos de esta Filosofía de la Historia podemos encontrarla desde muy temprano en la obra de Mora.

Entre el 15 de marzo y el 17 de mayo de 1930, Manuel Mora Valverde y Ricardo Coto Conde editan diez números un semanario titulado *La Revolución*, los actores políticos y los analistas históricos del PC CR coinciden en que este semanario jugó un papel importante en la preparación política e ideológica que llevará a la fundación del PC CR y del semanario *Trabajo* (Molina, 2003, 207).

---

[2] "La diferencia entre una teoría de la historia y una Filosofía de la Historia no está en la verdad absoluta de la primera y en el error también absoluto de la segunda, sino en la tensión (heurística: de búsqueda, de interpretación, de explicación) que el discurso conceptual de la primera establece con lo real-social, que es su raíz y a la que intenta pensar, y el carácter imaginario-especulativo, de sentido común espuriamente teorizado, de la segunda. Dicho de otra forma: una teoría de la historia está en tensión y lucha contra las ideologías de la historia. Las filosofías de la Historia son ideologías de la historia" (Gallardo, 1993,153).

Tan temprano como en el N° 1 del periódico *La Revolución*, hay un fragmento que muestra transparentemente la Filosofía de la Historia de Mora y Coto Conde, el texto va como sigue: "Cuando damos una ojeada a la Historia y contemplamos a la humanidad a través de todos los tiempos; cuando observamos sus avances y retrocesos, sus florecimientos y hecatombes, nos parece adivinar en todo una fuerza directora, sabia y poderosa, que impulsa y que refrena, que crea y que destruye, que va a conduciendo a los pueblos, lenta y fatalmente hacia una meta en la cual parece vislumbrarse el reinado de la felicidad. Vemos así sucederse las épocas íntimamente relacionadas, a tal extremo, que para los hombres de un poco de visión, no es difícil determinar, con mayor o menor exactitud, por las épocas pasadas, cuáles serán las futuras" (2003, 211).

Como señala Manuel Solís en *La Institucionalidad Ajena* (2006, 110) los principales dirigentes del partido comunista, incluyendo Manuel Mora fueron educados y forjaron sus primeras ideas en el marco del horizonte cultural posible del Valle Central costarricense de finales de los años veinte e inicios de los treinta.

La tesis de Solís, que compartimos, es que el horizonte cultural de los dirigentes comunistas es un entrecruce de *"liberalismo, teosofía, nacionalismo y catolicismo"* (Solís, 2006, 110) (Salas, 1997, 350).

Estas ideas fueron asimiladas no de cualquier forma, sino en la específica interpretación que le dieron figuras como Joaquín García Monge y Omar Dengo[3], quienes tuvieron una notable

---

[3] Álvaro Quesada señala que entre las influencias de esta generación intelectual se encuentra: "el espiritualismo teosófico, el decadentismo europeo del cambio de siglo, el idealismo arielista de Rodó, el anarquismo de Kropotkine y Reclus, el cristianismo socialista de Tolstoi" (1998, 79). Iván Molina caracteriza la tesitura intelectual de esa generación de la siguiente manera: "[El discurso que elaboraron sobre la llamada cuestión social"] (...) tenía una doble cara, una potencialmente explosiva, y otra muy identificada con la ideología liberal

influencia en la primera generación comunista (Salas, 1997,42-357), (Herrera, 2008, 155-205).

En el caso de Manuel Mora, las anécdotas de personas cercanas a él, lo colocan como un joven interesado filosófica y prácticamente por las matemáticas (Salas, 1980, 4) (Araya, 2012, 4) es decir un mundo de legalidad, armonía y orden lógico. La búsqueda de este mundo ordenado será una constante de su pensamiento. La búsqueda de una síntesis que le permita ordenar el mundo y armonizar influencias encontradas (González y Solís, 2001, 258).

Determinar este sustrato cultural del que se nutre Mora es importante, pues muestra que ya previamente existía una interpretación de la sociedad y de la historia entendida de manera evolucionista y organicista.

Las ideas y discursos que conciben la sociedad y la historia como un organismo natural, cuyos cambios son orgánicos, estables y fáciles de predecir si se tiene el conocimiento y el temperamento personal e intelectual adecuado, circulaban ya de previo en el mundo social en el que Manuel Mora se volverá comunista.

Tanto en la generación de Monge y Dengo, como en la interpretación materialista histórica de Mora, estos cambios orgánicos y evolutivos además tienen una dirección positiva, hacia el progreso de la Humanidad.

---

del progreso. El lado subversivo de sus escritos (...) denuncia la explotación laboral, el crecimiento de la pobreza, de las campañas electorales como farsas al servicio de los poderosos, y del imperialismo estadounidense" (...) "El perfil no contestatario de estos radicales se desprendía de su énfasis en que los sectores populares de la ciudad y el campo, para alcanzar su plenitud física y espiritual, debían ser redimidos mediante una educación apropiada, que sería proporcionada por esos mismos jóvenes. Este ambicioso proyecto de ingeniería social, al tiempo que revalorizaba la función de los intelectuales, sirvió de base para que los izquierdistas de comienzos del siglo XX, se integraran poco a poco en el programa civilizador de los liberales" (Molina, 2002, 23).

Esta forma de entender la sociedad, conectaría filosófica-mente a los comunistas con la tradición positivista venida del liberalismo (Solís, 1991, 263-266) y del liberalismo tardío, nacionalista y arielista (García Monge, Omar Dengo, etc.)[4]. La otra veta de influencia filosófica de Mora son las ideas de Justicia y Redención Social, venidas de distintos afluentes ya sea el catolicismo social promovido por el clero y la jerarquía eclesiástica, ya sea del catolicismo cultural e inercial dominante en la sociedad costarricense del siglo XX.

En la entrevista que Enrique Benavides le realiza a Manuel Mora en el año 1976, recuerda como el librero y los sillones de Manuel Mora, eran originalmente de Carmen Lyra. En un ambiente nostálgico Mora Valverde señala que fue lo único que se pudo salvar de la casa de la escritora comunista, donde prospero en sus orígenes el PC CR. Al recordar la casa de Lyra, señala Manuel Mora: "aquella casona de tapia de tejas y jardín de rosas, en cuyo vestíbulo se alzaba un crucifijo de madera de Juan Manuel Sánchez" (Benavides, 1976, 13). Al revisar las biografías de los principales dirigentes comunistas se nota con facilidad la fuerte presencia del catolicismo cultural sobre todo por vía materna. Eduardo Mora Valverde, en su biografía a propósito del Desfile de la Victoria en 1943 señala: "En ese momento cerré los ojos y sólo pensé durante un rato en mi madre, fervorosa católica (...) la vida le alcanzó para ver al jefe de su iglesia encabezar con el jefe del comunismo, aquellas jornadas democráticas" (2000, 92).

El uso de ejemplos y retóricas bíblicas también esta muy presente en los discursos políticos de Manuel Mora, dice por ejemplo en medio de una polémica política que revisando la Biblia se le ocurrió copiar un trozo de la epístola de Santiago:

---

[4] Ver por ejemplo los discursos que reproduce Vladimir de la Cruz en Los mártires de Chicago y el 1 de Mayo de 1913 (1985, 74-117), (Herrera, 2008, 155-205).

"Así pues, orad por la miseria que os aguarda a vosotros los ricos. Vuestras riquezas han entrado en putrefacción, vuestros trajes lujosos están roídos de gusanos. Herrumbrosos están vuestro oro y vuestra plata. Habéis acumulado tesoros mientras guardabais en provecho vuestro el salario de los obreros que han segado vuestros campos. La querella de los segadores ha subido a oídos de Dios". Aquí vemos como un Santo de la Iglesia vislumbró en aquella época remota un problema que luego analizó un hombre que no era Santo: Carlos Marx; me refiero a la explotación del trabajador mediante el salario. Si ese concepto hubiera sido dicho en la actualidad, Santiago estaría corriendo el peligro de ser declarado comunista y apóstata por la moderna inquisición" (1980, 55).

Otra de las influencias filosófico-políticas de Mora Valverde es una cierta forma de anarquismo pacifista o socialismo cristiano (Tolstoi, Rushkin, etc.) que promovieron activamente García Monge y Carmen Lyra (antes de volverse comunista) y que no desaparecerá del todo en la política y la formación cultural de los comunistas costarricenses, por ejemplo llama notablemente la atención el número de importaciones que los comunistas costarricenses realizaron, durante los años cuarenta, de los textos de Hewlett Johnson, Dean de Canterbury, el "párroco" rojo" (Molina, 2009, 2005). Los textos de Jhonson son descripciones sobre la vida en la URSS. Esta mezcla de catolicismo social o socialismo cristiano es perfectamente compatible con el culto a la personalidad estalinista.[5]

---

[5] "A lo largo de esos 33 años, Johnson dedicó la mayor parte de su asombrosa energía a demostrar que el comunismo soviético, especialmente como lo practicaba Stalin, era el cielo en la tierra: "Mientras esperamos a Dios, Rusia lo está haciendo". En su best seller, El Poder Soviético: La sexta parte socialista del mundo, que se publicó poco después del más extenso programa de asesinatos en masa de Stalin, escribió: "Nada golpea al visitante de la Unión Soviética con mayor fuerza que la total ausencia de miedo" (Traducción propia) (Moore, 2011).

Estamos pues en presencia de un mapa mental, de un horizonte cultural que facilitó la absorción y asunción del DIA-MAT, de la filosofía oficial, la filosofía/ideología del Estado Soviético[6].

Este "rodeo" filosófico, nos parece que es necesario realizarlo pues en muchos sentidos el pensamiento de Manuel Mora en el período de 1979-1985, es una continuidad y en otros casos una reafirmación que lo que ya había expresado y definido en otros momentos de su trayectoria política.

Los sucesos políticos que queremos estudiar son interpretados por Manuel Mora, a la luz del materialismo histórico, tal como él lo entendía.

Iván Molina en el año 2009 publicó los materiales impresos exportados e importados por el Partido Comunista entre 1931 y 1948, gracias a esta valiosa fuente documental podemos realizar una hipótesis razonable de cuáles fueron las fuentes de las que abrevaron los comunistas costarricenses para construirse una idea de en qué consistía el *Diamat* y el HISMAT y de cómo había que "aplicarlo".

Destacan en los libros importados y por lo tanto probablemente leídos y estudiados por los dirigentes comunistas costarricenses clásicos del marxismo como *El Manifiesto Comunista, Del Socialismo utópico al socialismo científico, Principios del Comunismo d*e Marx y Engels y otros textos de divulgación de Plejánov y Lenin.

Pero queremos llamar la atención sobre el texto de Adoratsky, *La dialéctica materialista* que ya circulaba en el país desde 1938, pero sobre todo la *Historia del Partido Comunista de la Unión Soviética y Cuestiones del leninismo* este último escrito por José Stalin. En ambos libros se encuentra contenido el texto "Sobre el Materialismo dialéctico y el materialismo histórico", texto escrito en 1938 por Stalin, este

---

[6] Más adelante se discute extensamente en que consiste el HISMAT y el *Diamat*.

texto fue insertado en el capítulo IV de la Historia del Partido Comunista (Bolchevique) de la URSS. Se le consideraba el segmento "teórico" del libro.

La tradición estalinista "canonizó" este texto como un notable trabajo teórico y fue considerado por mucho tiempo la síntesis precisa del *Diamat* y el *Hismat*, Henri Lefebvre habla de una fetichización y una celebración excesiva de ese texto (1971, 11).

Néstor Kohan, por su parte, sostiene que en este texto Stalin construye: "un cuerpo lógico circular, sistemático y cerrado, sin contradicciones ni fisuras internas, o sea (...) un verdadero "sistema" (Kohan, 2003, 40). Para Kohan este texto sería la base del dogma estalinista.

Los manuales soviéticos serán la base de la educación teórica y filosófica de los comunistas latinoamericanos, todos ellos abrevaran de esta fuente ideológica, "Al volcarse –y difundirse– en forma de manual, la filosofía del DIAMAT ganó e incorporó un público ampliado, aunque al precio de convertir la filosofía marxista no en un instrumento activo de liberación, creación, interrogación y crítica sino, por el contrario, en un medio de legitimación basado en la repetición mecánica de citas, justificación y obediencia teórica. A partir de la difusión masiva de manuales, el militante de esta tradición cultural no debía ya formarse en la lectura de los clásicos sino en el recorte previo que de ellos habían hecho los discípulos soviéticos de Stalin" (Kohan, 2003, 46).

Razonablemente podemos señalar que la "filosofía", el momento más abstracto del pensamiento de Manuel Mora Valverde, es una creación combinada del *Diamat* soviético y un organicismo ya presente en las doctrinas liberales y positivistas tal como fueron entendidas en la Costa Rica de los años veinte.

Cómo se debe entender el término ideológico DIAMAT

DIAMAT y HISMAT son la forma reducidas de los términos materialismo dialéctico y materialismo histórico. Según el Diccionario Soviético de Filosofía de Mark Moisevich Rosental y Pavel Fedorovich Iudin, en su versión española de 1946 [escrita en ruso en 1939]: "El materialismo dialéctico es la ciencia filosófica sobre las leyes más generales del desarrollo de la Naturaleza, de la Sociedad humana y del pensamiento, la concepción filosófica del partido marxista-leninista, creada por Marx y Engels y perfeccionada por Lenin y Stalin" (1946, 201).

La versión uruguaya de 1959, que sigue a la segunda edición soviética de 1955, es decir un texto escrito en el breve período situado entre la muerte de José Stalin y el XX Congreso del PCUS en 1956, modifica esa definición por esta otra ya retocada:

"Concepción del mundo del partido marxista, creada por Marx y Engels y desarrollada por Lenin. Se llama materialismo dialéctico porque para estudiar la naturaleza, la sociedad humana y el pensamiento, emplea el método dialéctico, antimetafísico, y porque su teoría filosófica es un materialismo rigurosamente científico. El método dialéctico y el materialismo filosófico se compenetran recíprocamente, se hallan indisolublemente ligados y constituyen una concepción filosófica coherente. Aplicando el materialismo dialéctico al estudio de los fenómenos sociales, Marx y Engels fundaron el materialismo histórico, una de las más grandes conquistas de la ciencia. El materialismo dialéctico y el materialismo histórico constituyen el fundamento teórico del comunismo, la base teórica del partido marxista" (1959, 300).

Es decir, el *Diamat* era la filosofía oficial de la Unión Soviética y de los Estados Obreros deformados de la posguerra, así mismo la filosofía oficial de los Partidos Comunistas oficiales de todo el mundo y de muchas organizaciones que, aunque no fueran prosoviéticas mantenían esta filosofía como marco teórico básico (ideológico) para comprender los fenómenos sociales. Por ejemplo el Partido Socialista Costarricense y el Frente Popular Costarricense.

En sentido estricto era junto con otros aspectos como el "culto a la personalidad", el patriotismo burocrático y el realismo socialista, un elemento de lo que podríamos llamar el campo ideológico de los Estados Obreros Burocráticos, es decir una ideología, un sistema de ideas y prácticas de orden simbólico funcionales a la dominación de una casta burocrática.

Así *Diamat* haría referencia a tres procesos distintos: 1) Un elemento de la ideología de una casta burocrática gobernante en las sociedades poscapitalistas. 2) Una específica codificación del marxismo, dominante en el siglo XX, pero que bien puede hundir sus raíces en el siglo XIX (Kohan, 2003, 42-53). 3) Un elemento central en el pensamiento ideológico-político de los comunistas y la izquierda política latinoamericana y costarricense. 4) Uno de los componentes del pensamiento filosófico de Manuel Mora y su círculo interno, que sirve como justificación explicación de su accionar político.

Una breve genealogía del Diamat

El término Materialismo Histórico nunca fue usado por Marx, el término aparece por primera vez en los textos de Jorge Plejánov, el fundador del marxismo en Rusia y mentor teórico y político de Lenin y Trotsky.

Este hecho no menor debe ser tomado en cuenta para entender el desarrollo posterior del *Diamat*, a diferencia de las preocupaciones filosóficas del occidente europeo, más sofisticado culturalmente y por lo tanto más presto a mirar las sutilezas teológicas y filosóficas del debate sobre Dios, el Alma y el Espíritu, más en general a prestarle atención a la sutileza de los fenómenos culturales y simbólicos.

El materialismo filosófico ruso fue un sustrato intelectual común de las distintas corrientes revolucionarias rusas: los narodnikis, los bakunistas, el menchevismo y el bolchevismo, todas estas corrientes políticas, pese a sus agudas diferencias en la política y en la interpretación histórica, reivindican un materialismo filosófico bastante homogéneo. El enfrentamiento materialismo-idealismo tal cual lo entendieron los revolucionarios rusos estuvo siempre marcado por el hecho de ser un elemento de lucha ideológica en medio de un feroz combate político contra un Estado Absolutista, que tenía como una de sus características principales tener una Iglesia de Estado y una "burocracia celeste", cuya cabeza era el mismo zar.

El materialismo ruso, aunque tuvo varias derivaciones políticas duramente enfrentadas entre sí leyó al idealismo, la religión, el misticismo y la superstición como un solo fenómeno cuyo soporte material sería la burocracia eclesial y profesoral/universitaria del estado absolutista zarista.

Eso hizo obviamente que el materialismo ruso, fuera considerablemente diferente al materialismo que podemos encontrar en *El Capital* de Marx. Es un materialismo menos atento a las sutilezas que se pueden encontrar en los análisis de los fenómenos filosóficos, religiosos y culturales. En esta clave la filosofía, su debate y comprensión siempre parece estar subordinado al combate político contra la Iglesia estatal, esta relación problemática con la filosofía es particularmente patente en *Materialismo y empiriocriticismo (1908)* de Lenin, otro de los textos canonizados por el *Diamat*.

Este materialismo militante, pero "crudo", "vulgar" puede ser muy útil para las necesidades políticas de la Rusia prerevolucionaria del siglo XIX, inclusive fue necesario para enfrentar el misticismo y atraso cultural ruso en los primeros días del Estado Obrero, pero al transformarse en el canon de interpretación materialista del movimiento comunista mundial, después del afianzamiento del estalinismo, terminó convirtiéndose en un dogmatismo que "implicaba mucho más que libros de texto o monografías, era la atribución de corrección o maldad a todo pensamiento, previa a su ejercicio, que fijaba posiciones alrededor de lo que existe y de lo que se debe estudiar y discutir, y ordenaba las opiniones generales que debían sostenerse en la política, la economía, la educación, hasta en la apreciación de las artes. Al regresar a la filosofía especulativa de la naturaleza en nombre del marxismo y postular la iluminación supuestamente científica de todo como obligación ideológica, elaboraron un instrumento coherente de dominación que cerraba el paso al desarrollo del socialismo y aplastaba a las personas" (Kohan, 2003, 23).

El *Diamat* fue un sistema cerrado de tesis e interpretaciones que iniciaba con un regreso de la filosofía especulativa de la naturaleza, a una ontología naturalista que era enunciada como "Dialéctica de la Naturaleza" o "Leyes Universales" de la dialéctica. Asociado a esta metafísica de la Historia y de la Naturaleza, había una epistemología realista ingenua que consistía en el reconocimiento del mundo práctico y material "tal como es" omitiendo "la mediación de la lógica y el discurso" (Lefebvre, 1971, 11) y derivado de eso una Teoría del reflejo donde se le atribuye al conocimiento la "propiedad de ser una imagen exacta de la realidad, producida por el cerebro humano" (Kohan, 2003, 27).

Señala Néstor Kohan, en la crítica que hemos tomado como modelo: "De este modo, quedan bosquejados los principales cimientos de lo que más tarde se conocería oficialmente como la "concepción del mundo" del marxismo: una ontología general "materialista dialéctica" y una gnoseología basada en la imagen y el reflejo del mundo objetivo, ambas de tipo filosófico, de las cuales se deriva por aplicación una disciplina particular, de tipo científico, el "materialismo histórico" (2003, 29).

¿Cuáles son las características principales de la recepción del Diamat en Manuel Mora?

La influencia del *Diamat* en la obra de Manuel Mora y de los comunistas de primera época se puede registrar desde muy temprano. Así encontramos en los números de *Trabajo*, artículos explicativos del materialismo histórico, que luego serán recopilados en los *Discursos* (1980) de Manuel Mora, estos artículos invocan al materialismo como un elemento de justificación y reafirmación de su posición. La defensa del materialismo aparece también en las luchas parlamentarias de los años treinta.

Un elemento distintivo de la interpretación teórica de Mora es su organicismo, su comprensión de la sociedad como un organismo vivo sometido a leyes naturales: "La sociedad es un organismo vivo de la Naturaleza, que evoluciona de conformidad con leyes propias" (1980, 66).

Este organismo, está regido por leyes naturales que le son propias y que no pueden ser modificadas ni por las pasiones, ni por los intereses de los hombres: "por encima de las pasiones y de los intereses de los hombres están siempre las leyes de la naturaleza, que rigen el desarrollo y la culminación de los procesos sociales" (368).

Estas leyes y este organismo es un organismo nacional, que tiene como elemento fundamental su leyes endógenas que no puede ser alteradas desde el exterior del organismo, esta interpretación filosófica sería central para determinar por qué la revolución no puede ser "exportada": "el proceso revolucionario obedece a leyes naturales que en cada pueblo se cumplen de manera propia y a su debido tiempo; (...) lo importante es que cada país se desarrolle; la transformación social vendrá a su tiempo y por impulso propio y no por impulso externo" (291).

La comprensión de la sociedad como un organismo natural sometido a leyes naturales es una comprensión filosófica que se mantendrá en el pensamiento de Vanguardia Popular, ya en la posguerra esta forma de razonar se mantiene en Manuel Mora, pero también en el círculo interior y equipo dirigente del PVP, esta forma de entender el marxismo se extiende hasta casi finalizar el siglo XX.

En ese sentido nos parece importante y representativo el texto de Eduardo Mora Valverde *Introducción al marxismo-leninismo*, un texto de 1970 usado como exposición didáctica del fundamento teórico del actuar del PVP dice:

"Así como las leyes mediante las cuales se rigen los fenómenos de la naturaleza determinan que después de la noche llega el día, así las leyes mediante las cuales se rige el desarrollo de la sociedad determinan que después del capitalismo llega el socialismo, y que después de su primera fase la sociedad debe pasar a la segunda y última: el comunismo" (1970, 14-15).

José Merino, exponiendo su interpretación de Marx, asevera:

"Marx concibió el movimiento social como un proceso histórico-natural regido por leyes que no sólo son independientes de la voluntad, la conciencia y la intención de los hombres, sino que además determinan su voluntad, conciencia e intención. Conocer esas leyes, puede ayudar a los hombres a acelerar los procesos históricos, pero nunca a saltar ni a descartar etapas o fases." (Merino, 1996, 89)[7].

---

[7] La caricatura en que la burocracia soviética y los partidos comunistas convirtieron el materialismo, no es razón para abandonarlo, compartimos la reivindicación del materialismo filosófico que realiza Cesar Rendueles: "No creo que el materialismo histórico sea una escuela filosófica, ni una ideología, ni siquiera una doctrina coherente. Distintas personas han reivindicado esa etiqueta planteando tesis incompatibles entre sí. A lo mejor se podría entender como un programa de investigación, aunque creo que Lakatos hablaba de algo bastante distinto. Además, me gusta la expresión "tradición intelectual" porque da sensación de historicidad, alude una constelación de autores y teorías unidos por un conjunto de preguntas a las que tratan de dar respuesta y cuyo mismo planteamiento va cambiando a lo largo del tiempo" (2016, 1).

La aplicación que Mora Valverde hace del Materialismo Histórico a los problemas políticos

Para nuestra investigación es particularmente importante determinar qué implicaciones tuvo esta específica interpretación del marxismo en los problemas ideológico-políticos que queremos examinar.

Manuel Mora en el año 1964 emite un discurso teórico titulado *La Guerra en el Caribe*, creemos que es digno de atención pues es emitido cuando ya está configurado el marco geopolítico básico que se mantendrá hasta los años ochenta, a saber: el clima de Guerra Fría, los llamado problemas de "la guerra y la paz", el debate sobre las vías de transición al socialismo, este debate es clave dentro de la izquierda política y fue acicateado por el triunfo de la revolución cubana y su marcha "ininterrumpida" hacia el socialismo[8].

En el texto que indicamos Mora señala como los problemas centrales: la guerra y la paz, las armas de destrucción masiva y "la posibilidad o imposibilidad de que en muchos países el tránsito del viejo orden social al orden social nuevo que imponen las leyes de la Historia, pueda llevarse a cabo por la vía pacífica" (1980, 477).

Un elemento a destacar es que la metáfora orgánica tantas veces utilizada para explicar el materialismo histórico sirve para justificar una política moderada. La idea que se quiere transmitir es que así como en la naturaleza no existen cambios bruscos y sería contrario a la razón intentar violentar o acele-

---

[8] "La radicalización de la revolución después de la toma del poder en 1959 habría de producirse según una regla que el Che conocía a fondo: "una revolución que no se profundiza constantemente es una revolución que retrocede". Ya en abril de 1959 (en una entrevista que le hiciera un periodista chino), hablaba el Che de un "desarrollo ininterrumpido de la revolución" y de la necesidad de abolir "el sistema social" existente" (Lowy, 1973, 93).

rar un cambio natural, así mismo los cambios sociales deben ser "orgánicos", evolutivos y razonables[9].

El desarrollo social y el cambio social tienen leyes y procesos que se pueden conocer, pero no se pueden violentar. Intentar violentar este desarrollo sería la intervención de los sentimientos, la irracionalidad y posiblemente la anarquía en la vida política y social, es *la política del odio*.

Polemizando con Rogelio Sotela señala Mora Valverde: "El odio, señor Sotela, es un fenómeno humano; como humano es el amor. Nadie puede crear artificialmente el odio o el amor. Yo podría recorrer el país pidiéndole a las gentes que odien. Ellas no odiarán si no tienen razones para hacerlo. El hombre que tiene entre sus manos un hijo agonizante de miseria, muy posiblemente sentirá odio por más que nunca haya oído una sola idea socialista. La idea socialista para lo que sirve es para encauzar ese odio hacia fines constructivos. Si queréis evitar luchas –señores Diputados– luchas que nosotros los comunistas tampoco quisiéramos para nuestro país, sólo un medio os queda: abrir los ojos, tocar las miserias del pueblo, sentir sus

---

[9] Usando también la analogía orgánica y natural George Novack, filósofo marxista y militante trotskista llega a conclusiones contrarias a las de Mora Valverde, el estudio y la observación del desarrollo orgánico y natural mostraría más bien la generalidad de la revolución, de los cambios abruptos y disruptivos: "Lo que es válido para órdenes enteros, y especies de animales y plantas también lo es para especímenes individuales. Si la igualdad prevaleciera en el crecimiento biológico, cada órgano del cuerpo podría desarrollarse simultáneamente y en el mismo grado de proporciones, pero tan perfecta simetría no se encuentra en la vida real. En el crecimiento del feto humano, algunos órganos emergen y maduran antes que otros. La cabeza y el cuello se forman antes que los brazos y piernas, el corazón en la tercera semana y los pulmones después. La culminación de todas estas irregularidades se manifiesta en los recién nacidos, que salen de la matriz en diferentes condiciones, con deformaciones y en distintos intervalos entre la concepción y el nacimiento. (...) El desarrollo de la organización social y de las estructuras sociales particulares exhibe desigualdades no menos pronunciadas que la historia biológica de los antecesores de la raza humana" (1989, 94).

angustias, tratar de remediarlas. La paz social no se consigue con palabras ni con leyes como la que estamos discutiendo. Se consigue con medidas reales que pongan coto a lo que es injusto y a lo que es inicuo" (1980, 56).

La animadversión por los odios desbordados y las pasiones conecta a Mora Valverde con los razonamientos de los liberales positivistas:

"El núcleo de la cuestión se puede resumir en una reivindicación que cruza las distintas posiciones políticas del año 1940: "hay que contener las pasiones", "se deben reprimir los instintos animales que motivan la lucha y el conflicto" (Solís, 1991, 373).

Cuando el odio y las pasiones no son encausadas entonces brota la anarquía, el militarismo y el cuartelazo. Las personas sufren.

Es importante señalar siguiendo a Botey y Cisneros (1980, 12), pero también a González y Solís (2001,297) que la animadversión de Manuel Mora a las asonadas militares podría estar enraizada en un elemento muy primario de su experiencia personal.

La asonada y la aventura militar fue la principal forma de combate de la oposición antitinoquista, en la que participó su padre y también el general Jorge Volio, uno de los primeros rivales políticos de Manuel Mora y una fuerza política que el PC CR tuvo que desplazar para transformarse en la fuerza política hegemónica de los sectores populares costarricenses. La asonada militar era parte también de la cultura política de la época (Molina, 1999,19) contra la que tuvo que luchar Mora, para forjar su propia opción política. La participación del padre de Manuel Mora en la lucha antitinoquista implicó el abandono de la familia y su traslado a Nicaragua. En ese mismo período dos de sus hermanas menores mueren de tosferina, la falta de dinero de su familia les impide tratarlas. Manuel Mora y sus biógrafos más cercanos colocan esta tragedia como un evento decisivo de su vida, la indiferencia frente al dolor ajeno, lo empujó a luchar por la justicia social. Pero también es razonable pensar que marcó un distanciamiento/resentimiento con este tipo de experiencia política tan dolorosa. Manuel Mora con 12 años (hoy lo consideraríamos un niño, sin más) tiene que afrontar las obligaciones familiares que su padre no puede cumplir por su exilio político voluntario, un niño que intenta vender sus juguetes para salvarle la vida a sus hermanas pequeñas, no puede sentirse más que abrumado por una situación emocional y afectiva, producida por una situación política que no controla y que le ha de parecer en todo sentido irracional.

Sólo 12 años después, un joven Manuel Mora de 24 años, se enfrentaría en duelo dialéctico con un Jorge Volio, de 52 años en el foro parlamentario. Volio ha sido caracterizado como una personalidad política fervorosa, "revolucionario de 1912, ardoroso y heroico, hermanado con los ideales de nicaragüenses, que recibe de los leoneses uno de los más sinceros tributos y el nombramiento de General. Podemos afirmar que esta misma gesta se prolonga en sus exilios a Panamá y a Honduras y en su unión a la Revolución del Sapoá. "Guerrillero de la Libertad". (Greñas, 1971, 257).

Jorge Volio y su carrera político-militar, representa una forma típica de la experiencia política en la que fue socializada la generación anterior a Mora Valverde, esta es la misma generación a la que pertenecía su padre, es la misma generación a la que se le podía atribuir la responsabilidad política por el dolor personal que Manuel Mora había vivido de niño.

En 1932, sólo dos años antes del debate, Jorge Volio había intentado otra asonada para impedir que Ricardo Jiménez asumiera la presidencia. Estos hechos podrían explicar las duras palabra de Manuel Mora contra Jorge Volio:

"el hombre que en nuestra historia política se ha caracterizado como el trastornador del orden público máximo que tiene el país; naturalmente, un trastornador del orden público en el sentido lato de la palabra, porque ninguna de sus aventuras ha tenido el menor contenido social. La aventura de Liberia y el crimen del Buenavista" (1980, 22).

En el año 1966 Manuel Mora atribuirá estas severas palabras a los "impulsos juveniles" (1980,4) nos encontrábamos ya en la vía hacia de la instauración del "olvido patriótico" y la tesis de la "co responsabilidad". Al atribuir su enfrentamiento del año 1934 con Volio a la "pasión juvenil" Manuel Mora realiza un movimiento ideológico que borra el balance político de las experiencias que representaron las asonadas militares del volismo.

El texto de Mora combina así su propia experiencia privada con el proceso que realizaba el conjunto de la sociedad costarricense luego de la violencia política de los años 1942-1955, reconcilia y armoniza una serie de eventos particularmente dolorosos, con una serie de figuras que deben entrar en el panteón de los "grandes hombres", de las personalidades cuyo legado es continuado por el partido comunista, como parte de una historia a la que siempre se le pueden hacer ajustes y correctivos, pero que es esencialmente buena.

A lo largo de su obra política Mora Valverde quiere colocarse del lado de la paz y la razón por oposición al odio y la violencia que vendría siempre de sus rivales políticos, el imperialismo y sus agentes locales.

En 1934 cuando polemizada con Jorge Volio señalaba: "La aventura de Liberia y el crimen del Buenavista en que perecieron más de veinte trabajadores embaucados, no significa trastornar el orden público para este "socialista cristiano" (1980, 22).[10]

<hr>

10 La "aventura de Liberia" razonablemente hace referencia al acuartelamiento militar llevado adelante por Jorge Volio en setiembre de 1926, su intención era

Mora, como se ha señalado se arrepentirá de esta polémica con Jorge Volio y con el socialismo cristiano, no obstante esa forma de razonar se mantendrá en el tiempo, por ejemplo frente a las asonadas de sectores del calderonismo y ya en época de Guerra Fría dirá a propósito de la actividad política y militar de Miguel Ruiz Herrero.

"No es que yo crea que el señor Ruiz Herrero, en su carácter personal, tenga fuerza y capacidad suficientes como para cambiar el rumbo de la política nacional. Es cierto que el señor Ruiz Herrero sabe manejar ametralladoras, pero cierto es también que la ametralladora no ha sido nunca argumento simpático para nuestro pueblo" (1980, 557).

El militarismo es una característica del imperialismo, de sus agentes locales y se manifiesta en Costa Rica en forma de violencia extra estatal, como *ejército privado* (…)

"Costa Rica es el eslabón débil de la cadena que necesitan forjar. Sin embargo, los militares del Pentágono no cejan en su empeño. Así se explica que nos hayan llenado el país de pequeños ejércitos privados, que no ocultan su existencia, ni sus entrenamientos ni sus armas, convencidos de que cuentan con el respaldo de una gran potencia. En esos ejércitos privados cifran los militares yanquis, y sus consejeros políticos, gran-

---

participar de un levantamiento en Nicaragua, había roto relaciones políticas con Ricardo Jiménez y este le permitió marchar hacia el norte, pero no permitió la participan del ejército costarricense. Volio intentó amotinar al cuartel de Liberia para participar en el enfrentamiento en Nicaragua. Fracaso y fue detenido y reconducido a San José (Obregón Quesada, 2000, 284). Los hechos del Bellavista hacen referencia a las elecciones del 14 febrero de 1932, donde ninguno de los partidos competidores logra la mayoría absoluta, lo que obliga a una segunda vuelta entre Ricardo Jiménez y Manuel Castro, los partidarios de Castro, con tal de no volver a enfrentar a Jiménez (dos veces electo presidente) se acuartelan en el Cuartel Bellavista, dando origen al "Bellavistazo". El acuartelamiento produce 15 muertos y 36 heridos en la asonada participan Jorge Volio, Carlos María Jiménez y Rafael Calderón Muñoz (el padre de Calderón Guardia) (Molina, 2007, 117), (Obregón Quesada, 2000, 284).

des esperanzas para un futuro próximo. Pero esos ejércitos privados constituyen para nuestra sociedad un peligro latente de golpe de Estado y de guerra civil" (1980, 558).

La imagen se va redondeando: orden social y natural se emparentan al orden constitucional del otro lado queda la política del odio, la política del imperialismo y la violencia ilegítima de los *ejércitos privados, los golpes de Estado y la guerra*.

Finalmente Mora expresa su posición sobre la estrategia castroguevarista, la estrategia del foco guerrillero, recién inaugurada como estrategia política en 1959, le responde Mora Valverde a Ruiz Herrero:

"Afirman que los comunistas costarricenses hemos entrenado militarmente centenares de muchachos en Cuba y que hemos recibido armas de ese país en gran cantidad, y en voz baja han comenzado ya por cierto a difundir el rumor de que el Che Guevara está instalado en algún lugar del territorio nacional; como que es en la zona bananera. Debo repetir que mienten miserablemente. Jamás podrán probar, porque no es cierto, que nosotros hayamos entrenado militarmente a centenares de jóvenes en Cuba, ni que hayamos recibido armas de Cuba. La línea de nuestro movimiento en Costa Rica no es línea de acción violenta, ni de guerrillas como ellos lo afirman y hemos tenido siempre mucho cuidado de no darles pretexto a los enemigos de nuestra democracia y de nuestra soberanía para que den al traste con la paz de la República" (1980, 558).

Este encuadre nos podría entonces aclarar cuál era la visión de mundo global de Manuel Mora Valverde.

El mundo social es una extensión del mundo natural. Las leyes de la historia nos ubican en un período de transición del capitalismo al socialismo, es una transición orgánica que en los años sesenta cubre decenas de países y millones de personas, ese tránsito ha sido un tránsito ordenado que empieza con la URSS; continua con los países del Este de Europa, China, Corea y finalmente Cuba.

Las leyes de la historia, pero también las leyes de la sensatez y la razón nos llevan hacia el socialismo. El mundo está dividido en dos bloques económicos enfrentados (ver Excursus: "El debate sobre las dos economías"), hay que tomar partido por alguno de estos bloques:

"Lo que ocurre es que ahora hay dos mundos en lucha sobre la tierra: el mundo socialista y el mundo capitalista. Están empujando y van a demostrar con hechos su capacidad o su incapacidad para subsistir y triunfar. Las especulaciones puramente literarias ya no convencen a nadie. Son más convincentes los hechos. Triunfará el régimen mejor y se hundirá el que carezca de capacidad para seguir viviendo" (289).

Lo más racional desde el punto de vista de la producción nacional, desde el punto de vista del capitalismo nacional inclusive, es incorporarse al mercado socialista, esta incorporación sería puramente técnico económica y no implicaría un compromiso político:

"El mundo socialista ofrece a los países subdesarrollados comprarles todos sus excedentes de producción a precios justos y suministrarles todas las mercancías que necesiten a precios también justos; no les exige pagar en dólares sino con la moneda del propio país; les ofrece suministrar maquinaria para que exploten su petróleo y sus riquezas minerales en su propio beneficio y para que desarrollen su propia industria y modernicen sus formas de producción. Todo esto lo ofrece mediante empréstitos a largos plazos con tipos de interés del dos por ciento anual y amortizables con productos agrícolas. Les ofrece además técnicos para que enseñen a los nacionales. No les exigen concesiones políticas de ninguna clase" (290)

La incorporación de Cuba al mercado socialista es la decisión más racional desde el punto de vista técnico económico,

las élites gobernantes costarricenses si no estuvieran goberna-
das por un irracional y pasional anticomunismo, así como por
una profunda dependencia de los Estados Unidos, sabrían que
es también lo que más les conviene.

"Hagamos otra suposición: supongamos que nuestro Gobierno logra un empréstito en el mundo socialista para explotar
nuestro petróleo. El mundo socialista manda la maquinaria y
prepara técnicos nacionales. El Gobierno explota el petróleo por
su cuenta o en colaboración con una compañía nacional integra-
da por capitalistas nuestros. El mismo mundo socialista compra-
ría el petróleo si no fuera posible colocarlo en otra parte. ¿Sería
ésta una fuente de comunismo en Costa Rica? No señores. Todo
esto contribuiría a desarrollar el capitalismo en Costa Rica y no
el comunismo. Pero claro está, a las compañías norteamericanas no les conviene la competencia de otros capitalistas" (1980,
292) (...) "Lo anterior no significa que no haya intereses para los
cuales las relaciones comerciales y económicas de nuestro país
con la Unión Soviética constituyen una amenaza. Esos intereses
son los de los grandes consorcios internacionales, particularmente los norteamericanos, y los de los representantes de esos
consorcios en nuestro país. Lo ocurrido con la licitación de maquinaria es la mejor demostración de esta verdad. Si la licitación
se le hubiera adjudicado a la Unión Soviética, nuestro pueblo
habría dejado de perder 27 millones de colones. Los consorcios
y sus representantes comerciales ven un peligro para sus grandes
negocios en el comercio con la Unión Soviética" (1980, 652).

La estrategia de coexistencia pacífica, en tanto que estrategia internacional del comunismo, tal como es interpretada
por Manuel Mora es una estrategia que parece presentar una
"elección de doble vinculo"[11], donde la elección por la coexis-

---

[11] "Un doble vínculo es una situación en la que, si escoges la opción uno,
pierdes, y si escoges la opción dos también pierdes, pero tampoco puedes dejar
de escoger" (Jensen, 2015, 12).

tencia pacífica de los dos sistemas y el enfrentamiento por la vía de la competencia económica se presenta como la única alternativa racional a escala planetaria. La otra alternativa es planetariamente irracional: La guerra atómica.

"la guerra o un entendimiento que conduzca a la coexistencia pacífica. La guerra parece imposible porque ambas partes comprenden que se convertiría en la destrucción del mundo" (293).

De esta ubicación en los desafíos planetarios que produce la guerra fría y la posible guerra atómica se deduce la reafirmación de la táctica de los comunistas costarricenses:

"Estas son las dos tácticas de lucha económica de los dos mundos. La táctica del mundo socialista parte del principio de que la revolución no se exporta; de que el proceso revolucionario obedece a leyes naturales que en cada pueblo se cumplen de manera propia y a su debido tiempo; de que lo importante es que cada país se desarrolle; la transformación social vendrá a su tiempo y por impulso propio y no por impulso externo. Toma en cuenta otra cosa el mundo socialista: que no tiene necesidad, para subsistir, de robarle sus riquezas a ningún otro pueblo porque se basta a sí mismo: que no tiene necesidad de mercados ajenos porque no confronta problemas de superproducción" (1980, 291).

En los próximos apartados veremos los desafíos y ajustes que provocó en esta concepción la revolución cubana.

Problemas teórico-estratégicos anteriores a la revolución cubana

La revolución cubana y su significación en América Latina puede llenar investigaciones de varios tomos. No podemos más que hacer una presentación somera de los problemas, que le planteo a la izquierda política.

La revolución cubana aparece antecedida por dos movimientos paradigmáticos para la izquierda latinoamericana: El peronismo (1945-1955) y el proceso político guatemalteco (1944-1954), o revolución del 20 de Octubre[12]. En muchos sentidos la revolución cubana responde y para algunos resuelve los dilemas que plantearon estos dos procesos.

El peronismo nunca tuvo pretensiones expansivas, fue un fenómeno argentino, se presentó como un movimiento originalísimo, nacional y popular (aunque sí se desarrolló en su interior una izquierda nacional que realizó una interpretación continentalista del fenómeno)[13].

El peronismo se presentó como una tercera posición entre los Estados Unidos y la URSS, entre el cipayismo y el marxismo, como un movimiento nacional capaz de enfrentar la creciente colonización yanqui, pero a la vez oponerse al comunismo estalinista, lejos de predicar el enfrentamiento de clases, predicó una tercera posición, en lugar de la lucha de clases, la "comunidad organizada":

"El movimiento nacional argentino, que llamamos justicialismo en su concepción integral, tiene una doctrina *nacional*

---

[12] Los trotskistas guatemaltecos en un texto del año 1954 señalaban: "La huelga exitosa y la insurrección popular del 20 de octubre de 1944 y el triunfo electoral de Juan José Arévalo, menos de seis meses después, fueron manifestaciones del ascenso revolucionario que se produjo en toda América Latina. En esta misma época, movimientos de masas similares llevaron al poder a Villarroel en Bolivia, a Betancourt en Venezuela, a Bustamante en Perú, a Perón en Argentina, etcétera. ¿Por qué, en los años que siguieron, el gobierno impuesto por las masas de Guatemala no fue derrocado como lo fueron casi todos los demás?" (Lowy, 1980, 206).

[13] Esta izquierda política que busca mezclar el marxismo y el peronismo es conocida como la izquierda nacional y tiene por su principal representante a Jorge Abelardo Ramos, los continuadores de su obra teórica y política sostienen: "Quienes militamos en la Izquierda Nacional argentina apoyamos a todos los movimientos de lucha antiimperialista que hubo y hay en América Latina, nuestra Patria Grande. Rechazamos los socialismos importados de cualquier parte del mundo: de Europa, de la ex URSS, de China. Creemos que cada país construye su propio camino hacia la liberación, sobre la base de sus propias tradiciones históricas" (Correa, 2002).

que encarna los grandes principios teóricos de que os hablaré en seguida (2016 [1949], 108) En la consideración de los supremos valores que dan forma a nuestra contemplación del ideal, advertimos dos grandes posibilidades de adulteración: una es el individualismo amoral, predispuesto a la subversión, al egoísmo, al retorno a estados inferiores de la evolución de la especie; otra reside en esa interpretación de la vida que intenta despersonalizar al hombre en un colectivismo atomizador" (2016 [1949], 141).

El movimiento nacional tendrá un caudillo en su cúspide, sectores de los militares como base social y un movimiento obrero muy organizado pero anexado al Estado, un sector de la izquierda política (comunistas, socialistas) se opondrá al peronismo, produciendo una ruptura que sigue hasta nuestros días entre los sectores populares y ésta izquierda.

La prensa del Partido Vanguardia Popular, reproducirá el 21 de junio de 1947, los textos de Paulino González Alberdi, analizando el peronismo:

"Se palpa la decepción de los sectores obreros y populares, medidas oficiales que constituyen todo lo contrario a lo que se prometió e víspera de las elecciones, que a las consignas antimperialistas, anti oligárquicas, a la condenación a los ricos se les ha sustituido con indicaciones anticomunistas" (1947, 2).

González Alberdi es un iberoargentino, miembro del CC del PC argentino, bajo la dirección de Vittorio Codovilla, además un importante comisario político de la Comintern en Argentina, según Kohan (2002, 133) y Concheiro y Modonessi (2007, 281) además parte del equipo que enfrentó a Juan Carlos Mariátegui y al grupo que editaba la Revista *Amauta*, durante la temprana estalinización del marxismo latinoamericano. El PVP, por lo tanto, mantuvo hacia el peronismo una rígida ortodoxia.

Pese a una cierta analogía y parentesco resaltado por Jorge Abelardo Ramos, entre el aprismo y el peronismo y que Joaquín García Monge fue un aprista de primera hora, en el *Repertorio Americano*, no parece ser un vehículo que permitiera promover el justicialismo, más bien todo lo contrario, muchas voces de *El Repertorio Americano* como la del cubano Félix Lizaso, un especialista en la obra de Martí, son de una abierta hostilidad hacia el justicialismo quien considera *"funesto para los principios democráticos"* y demagogo, representante de una *"farsa,* [una] *apoteosis al descamisado"* (1948, 12). Por esa vía no existirá una presión creativa para que Mora y compañía ajustaran su teoría y su práctica política.

Más desafiante fue la Revolución del 20 de octubre, proceso popular que duró 10 años y cuyo desarrollo tuvo importantes implicaciones para el marxismo latinoamericano, centroamericano y caribeño, así como para la intelectualidad costarricense (por ejemplo Mora Valverde y Cerdas Cruz).

Michael Löwy un estudioso de la obra de Ernesto Guevara sostiene que: "Castillo Armas fue el "maestro negativo" del Che. En efecto, la contrarrevolución en Guatemala había sido directa y personalmente vivida por el Che (que trató incluso –en vano– de organizar grupos de resistencia armada contra los invasores), y le hizo ver, "didácticamente", el papel de los grandes monopolios (United Fruit), del imperialismo norteamericano (John Foster Dulles), del ejército burgués de Guatemala, del pacifismo de Arbenz " (1973, 9).

La biografía intelectual de John Lee Anderson sobre Ernesto Guevara confirma la importancia vital e intelectual que tuvo la revolución guatemalteca para Guevara y por lo tanto en el futuro para la revolución cubana y el marxismo latinoamericano: "entre los exiliados halló pocos cuya ideología fuera suficientemente rígida para enfrentar al imperialismo en sus propios países, y menos aún que estuvieran dispuestos a combatir en defensa de la acosada revolución guatemalteca. Era una oportunidad para luchar por la libertad política, tal como hicieron los internacionalistas en defensa de la República española de los años treinta, pero no pasaba nada" (…) Edelberto Torres (…) recuerda que Ernesto estaba preocupado por la rivalidad y la ausencia de verdadera unidad entre los socios de la coalición de gobierno" (2006,135).

El proceso guatemalteco (1944-1954) ocurre dos años después del primer grupo de reformas modernizadoras-autoritarias en Costa Rica (1942-1943) y su duración sobrepasa el segundo grupo de reformas (1948-1949) que se producen ya en el inicio del clima de agitación anticomunista que vive el país producto de los procesos chino (1949), coreano (1951) y guatemalteco (González Ortega, 2005, 20-27) (Solís, 2006,486). Clima anticomunista que durante los años cincuenta se transformara en política de Estado (González Ortega, 1998, 26-27), (Barrientos, 2019, 153-316).

Iván Molina estima que la razón del éxito del cambio social institucional en Costa Rica, sobre todo de su primer grupo de reformas (1942-1943) fue la moderación, su cuidado por no alterar la propiedad de la tierra y la estructura social vertical y violenta, el proceso guatemalteco, sería una confirmación de su tesis por la vía negativa (2007, 199).

La modernización cultural vivida en Guatemala durante este período atrajo a Eunice Odio[14] y razonablemente pudo impactar también a Yolanda Oreamuno (Solís. 2006, 114-118). Y como hemos dicho una parte muy importante de la cultura anticomunista de los años cincuenta en Costa Rica tiene que ver con la oposición y el miedo que las élites costarricenses introdujeron en la esfera pública, como justificación de su animadversión al proceso político de democratización guatemalteco. (Manuel Solís, 2006, 486).

----

[14] Eunice Odio adoptó la nacionalidad guatemalteca en 1948, en medio del proceso democrático que vivía ese país.

El proceso guatemalteco fue ambivalente, pero en la tradición de la izquierda política latinoamericana suscito dos debates centrales, el debate sobre *las alianzas de las fuerzas revolucionarias* y el *debate sobre las vías de la revolución*. Ambos debates resuenan en la autocrítica del Partido Guatemalteco del Trabajo (comunistas) efectuada en 1955:

"El Partido Guatemalteco del Trabajo no siguió una línea suficientemente independiente en relación a la burguesía nacional democrática. En la alianza con la burguesía democrática tuvo éxitos señalados, pero a su vez la burguesía ejerció cierta influencia en nuestro Partido, influencia que en la práctica constituyó un freno para muchas de sus actividades. [El PGT] no siempre tuvo en cuenta su carácter conciliador [el de la burguesía nacional] frente al imperialismo y las clases reaccionarias" (Löwy, 1980, 199).

"El PGT, por ejemplo, cometió el grave error de no denunciar y combatir públicamente a aquella parte de la alta oficialidad del ejército que se sabía que era, por razones de clase y de ideología, enemiga del movimiento revolucionario y de las transformaciones fundamentales que estaban en marcha en Guatemala (…) aceptando en cierto modo la falsa concepción burguesa de la "apoliticidad" del ejército –cortina de humo tras de la cual los jefes han realizado siempre una política reaccionaria–, y temiendo que se pudiera acusar al Partido de actos provocadores, no los desenmascaró públicamente, limitándose a exponer sus puntos de vista en círculos estrechos del campo democrático y al presidente Arbenz.

El PGT contribuyó a alimentar ilusiones en el ejército al no desenmascarar la verdadera posición y la actividad contrarrevolucionaria de los jefes del ejército" (Löwy, 1980, 201).

Es en el marco de estos dilemas donde irrumpe la revolución cubana y es en ese marco que Manuel Mora y su grupo intentaran darle respuestas teórico políticas a este problema[15].

5.6) El desafío de la revolución cubana para el estalinismo

Además de los antecedentes y problemas planteados por el peronismo y la revolución del 20 de octubre, hay que tomar en cuenta que el movimiento comunista internacional estaba marcado por las develaciones del XX Congreso del PCUS en 1956.

El proceso que llevó a la develación del informe del XX Congreso del PCUS, fue la conclusión de un interregno de tres años después de la muerte de Stalin, en este período que fue presentado como un momento de "dirección colectiva" pero a través de una serie de luchas políticas por arriba e intrigas palaciegas Nikita Kruschev logró vencer y encabezar al PCUS (Roucek, 1972, 220). Así iniciará la "desestalinización", tal como se entendía en la historia oficial de los partidos comunistas.

Pese al papel central que la historia oficial le ha endilgado a *Kruschev* en el proceso de quiebra del sistema autocrático de poder basado en la policía política, es claro para los analistas más serios que "el khruschevismo no ha representado ninguna idea grande y positiva (ni siquiera una política propia) (…) En muchos aspectos ha continuado las líneas trazadas por Stalin,

---

[15] Mora Valverde y Rodolfo Cerdas tienen interpretaciones contrastantes sobre el proceso que dirigió Juan José Arévalo. Mora Valverde en una entrevista del año 1975 en el diario La Nación, presenta a Arévalo como un "rey" que trata a los revolucionarios centroamericanos y caribeños como "súbditos", líder de un movimiento policlasista y finalmente funcional a Figueres y su golpe de Estado (Mora, 1975). Cerdas Cruz ve en el proceso que lideró Arévalo, como un proceso progresista, a tono con su conceptualización de la "Nueva Democracia". Rodolfo Cerdas Cruz teorizara sobre el choque de entre las teorías progresistas centroamericanas y las tendencias progresistas costarricenses.

pero pretendía seguir las propias, introduciendo innovaciones. La "coexistencia pacífica" es un ejemplo. También lo es el lema de una "transición pacífica del capitalismo al socialismo". Se trata de conceptos estalinistas repulidos" (Deutscher, 1975, 141).

El XX Congreso y el ascenso de *Kruschev* vocalizaron un descontento general, una nueva conciencia nacional, mezcla de denuncia y vergüenza, sobre lo que significó el sistema estalinista de dominación en sus múltiples manifestaciones.

En la conciencia comunista la desestalinización implicó el debate sobre "el culto a la personalidad" y la "dirección colectiva"[16], "una vuelta a la colegialidad y el centralismo democrático, pilares de la democracia leninista" y una liberalización del debate político sobre "las estrategias de vías nacionales al socialismo y coexistencia pacífica con el bloque capitalista" (Piemonte, 2015, 224).

Esta desestalinización al igual que la dirección política de Kruschev era una proceso "desde arriba", que no implicaba un proceso de verdadera democratización social y política, los aportes teóricos y políticos venidos de las revoluciones populares húngara y polaca[17], no tuvieron impacto en la conciencia

---

[16] En la batalla política de Arnoldo Ferreto contra Manuel Mora, será recurrente el uso de la crítica al culto a la personalidad venida del XX congreso.

[17] Por ejemplo, Nahuel Moreno, dirigente de los trotskistas latinoamericanos sacaba las siguientes lecciones políticas del procesos polaco y húngaro en 1959: "Las revoluciones húngara y polaca también demostraron, por otro lado, que las fuerzas fundamentales en el momento actual son la revolución obrera y colonial y la contrarrevolución imperialista. Los revolucionarios húngaros apelaron a la solidaridad del proletariado internacional, en tanto que el poder oficial -Nagy-Gomulka- recurrió al apoyo del imperialismo. Este último y la Iglesia tendieron a apoyar a estos gobiernos contra -o frente a- las masas. El ejemplo de Tito, y ahora el de Nagy y Gomulka, han demostrado fehacientemente que cuando el proceso revolucionario en Rusia tome un cariz violento, el imperialismo se aliará con la burocracia estalinista -o con el sector más importante de ella-, contra las masas soviéticas. Estas revoluciones nos han brindado también importantos

comunista, sí tuvieron un impacto político pero en el sentido que muchos militantes rompieron con los partidos comunistas oficiales y buscaron otras alternativas políticas, por ejemplo Peter Fryer, escritor comunista británico del Daily Worker que pasa a la Cuarta Internacional. El alejamiento de E.P Thompson del Partido Comunista inglés también tiene por motivo el aplastamiento de la revolución húngara.

Pero como hemos señalado en otras ocasiones el comunismo costarricense no vive un verdadero desafío político en el campo de la izquierda hasta la revolución cubana, las referencias a la revolución húngara aparecen encubiertas en medio de una falacia de "y tú también", es decir los círculos reaccionarios hablan de Hungría, pero callan sobre Túnez. La posibilidad de condenar la invasión de Hungría y la de Túnez juntas no está en la conciencia política de Mora[18].

El estudio de los comentaristas comunistas y críticos de los comunistas como Gerardo Contreras y Cerdas Cruz, coinciden que el XX Congreso y la desestalinización no significaron ningún cambio progresivo o creativo en el Partido Vanguardia Popular.

---

lecciones sobre las relaciones de la burocracia soviética con los gobiernos "nacionales" y las masas" (Moreno, 2001, 15).

18 "Se trata de una campaña sincronizada. La misma campaña se está haciendo en Chile, en la Argentina, en México, en el Perú, en el Brasil, y toda la América Latina. Los mismos trucos, la misma técnica, la misma audacia, la misma perversidad. Son los monopolios defendiendo su botín. Son las grandes compañías norteamericanas, organizadas en su Departamento de Estado, haciendo esfuerzos colosales para impedir el despertar y la liberación de América Latina. Han hablado nuestros politiquillos de Hungría hasta por los codos. Pero no dicen una palabra de la masacre de Túnez por el imperialismo francés. Ni de las masacres de Argelia. Hablan, mintiendo, de la falta de democracia en Cuba. Pero aplauden todas las satrapías de América y piden que se mutile la democracia en su propia patria. Luchan por establecer aquí el fascismo" (1980, 413).

Para Cerdas Cruz (1986, 355-359) la sovietización y "rusificación" del PVP inició en 1955, cuando se restablecen contactos formales con el PCUS, para Cerdas Cruz los congresos internacionales de los Partidos Comunistas celebrados en 1957 y 1960, en el período previo a la ruptura chino-soviética, ya eran una clara muestra de los síntomas de "sovietización", especialmente en el trato que recibió el delegado costarricense Jaime Cerdas, padre de Rodolfo.

En el texto de Jaime Cerdas Mora parece muy intencional su necesidad de mostrar que la dominación soviética sobre el movimiento comunista internacional, estaba mal desde bastante atrás que los maoístas rompieran la "unidad monolítica", pero también que la ruptura de Cerdas Cruz con el PVP estaba ampliamente justificada en el tiempo, en principio seria tardía y ampliamente razonable. Ya no había nada más que hacer, está forma de razonar también esta presente en las memorias de su padre (1993, 221-230).

Para Cerdas Cruz la "rusificación" era el fin del impulso creativo y anclado en la realidad nacional que permitió en los años treinta y cuarenta el "comunismo a la tica" y por lo tanto que la experiencia costarricense fuese la más exitosa en términos de logros sociales y de influencia en el Estado que se podía mostrar en Centroamérica. El otro camino, el tomado por los comunistas centroamericanos "soviéticos" y seguidores de la Komintern o del Kominform era un camino que llevaba a la necrología y a la derrota.

El encono antisoviético y antivanguardista de Cerdas Cruz nos podría hacer pensar que hay una racionalización, una justificación ideológica, pero nos parece que la misma conclusión se saca de la lectura de los documentos oficiales elaborados para los congresos del PVP y del análisis de los comentaristas comunistas como Gerardo Contreras, podemos ver que el PVP se consideraba como parte de una ascenso mundial que apuntaba favorablemente a sus posiciones estratégicas: "a partir de la Segunda Guerra se modificó la correlación de fuerzas mundiales, que dejó de favorecer al imperialismo y comenzó a favorecer cada vez más al socialismo" (1962, 2).

Contreras (2006, 84) ve que las democracias populares se habían transformado en países socialistas y habían triunfado las revoluciones china y coreana, estos hechos son leídos como una consolidación del campo socialista, pero también como el origen de la proliferación de un sinnúmero de aparatos políticos vinculados al PCUS que se lanzaron y consolidaron durante las conferencias internacionales de los partidos comunistas y obreros de 1957 y 1960.

Contreras señala que el PVP: *"mantuvo un alineamiento estricto con los postulados teórico prácticos, los cuales emanaban de la Unión Soviética"* (2006, 88).

Por lo tanto pareciera que el PVP se encontraba en las peores condiciones teóricas y político-locales para enfrentar el desafío cubano, en 1948-1949 había sufrido una derrota histórica, su militancia había sido reducida a 100 personas al final de la guerra y de allí empezó un arduo trabajo de reconstrucción política y sindical que no llegó a consolidarse del todo hasta los años setenta, sin que la autocrítica por la derrota fuese completamente asimilada o que esta derivara en un análisis creativo y novedoso de las condiciones que hicieron posible la derrota y, por lo tanto, de los pasos estratégicos a efectuar para preparar las futuras victorias[19].

---

[19] En la historia del marxismo hay un sector importante de los textos teóricos que son reflexiones producto de derrotas históricas, por ejemplo, la Guerra Civil en Francia de Marx, que saca las conclusiones de la derrota de la Comuna de París o Resultados y Perspectivas de Trotsky que reflexiona sobre la primera revolución rusa de 1905. En el caso del pensamiento latinoamericano, aunque no marxista podemos colocar en esa tesitura La Historia me absolverá de Fidel Castro, que es justamente una reflexión sobre el fracaso del asalto al Cuartel Moncada.

Los documentos y las indicaciones de los vanguardistas además parecen mostrar que el XX Congreso y la "desestalinización" no liberalizó el pensamiento comunista costarricense, más bien lo reforzó en lo que tenía de formal, burocrático y exótico.

A eso habría que sumarle una ambiente anticomunista, donde esta ideología anticomunista era clave para la consolidación de la hegemonía bipartidista, nacida de la pacificación de posguerra. El anticomunismo era un elemento central de la hegemonía de los vencedores y un elemento clave de la política de "olvido patriótico".

Siguiendo a Manuel Solís podemos señalar que el orden político-ideológico de finales de los cincuenta e inicios de los sesenta necesitaban de una clase política:

"identificada con la historia del país democrático y pacifico. Así nadie pidió perdón, ni asumió su parte. La ausencia de responsabilidad, en esta particular variante, es un mojón de nuestra cultura política. En esta y otras formas, la impunidad se integrará a la normalidad pacifica, y a la nueva institucionalidad en procesos de construcción. La memoria sin deuda terminará de apuntalar la consolidación de la institución del sufragio. Era una condición para que los distintos grupos se viesen tan sólo como rivales electorales.

Finalmente las "familias políticas" que habían luchado entre sí empezaron a encontrar puntos de convergencia. La reintegración política de los calderonistas coincidió con la ofensiva política y económica estadounidense. La reunión de Punta del Este tuvo lugar poco antes de las elecciones nacionales de 1962. Los enemigos de antes podían encontrarse alrededor de un mismo y poderoso aliado, en un frente común contra un nuevo objeto de odio: La revolución cubana" (2006, 518).

¿En qué consistió el desafío cubano?

En agosto 1967 se emite la declaración de la Organización Latinoamericana de Solidaridad[20], organización que sería el pico organizativo y político de la experiencia castro-guevarista, en este manifiesto se lee:

"la Revolución Cubana, como símbolo del triunfo del movimiento revolucionario armado, constituye la vanguardia del movimiento antiimperialista latinoamericano. Los pueblos que desarrollan la lucha armada, en la medida en que avanzan por ese camino, se sitúan también en la vanguardia." (Löwy, 1980, 296).

Antes de este fragmento el manifiesto, que esbozaba teóricamente el programa, señalaba: "El triunfo y consolidación de la Revolución Cubana puso de manifiesto que la insurrección armada es el verdadero camino para la toma del poder por el pueblo trabajador y, a la vez, que los ejércitos profesionales pueden ser destruidos, las oligarquías vencidas, el imperialismo yanqui derrotado, y el socialismo, como vía nacional de desarrollo, puede avanzar y fortalecerse, no obstante el bloqueo económico, la subversión, la agresión, el chantaje, el hostigamiento, la presión y la contrarrevolución." (1980, 291).

Estamos en el pico del enfrentamiento del castrismo y las direcciones políticas comunistas oficiales. En una aguda definición, Huberman y Sweezy señalan que, aunque habían existido otros cismas en el movimiento comunista internacional (el yugoslavo en 1948, el chino soviético en la década del sesenta) en el caso cubano es la única vez que se rompe la "legitimidad revolucionaria" es decir que los únicos partidos políticos revo-

---

[20] Esta organización fue fundada en enero de 1966, inmediatamente después de la Primera Conferencia Tricontinental, fundada por organizaciones de 27 países su objetivo era coordinar la lucha militar contra el imperialismo (Calvo, 2018, 155).

lucionarios son los que reconoce Moscú y las únicas personas revolucionarias son las que tiene carnet de militante del partido comunista (Huberman y Sweezy, 1970, 13).

La revolución cubana era la primera revolución comunista hecha por no comunistas, señalaba Fidel Castro (Huberman y Sweezy, 1970, 13).

Para Ernesto González una especie de historiador oficial del morenismo:

"La gesta cubana fue una notoria desmentida a la política de alianzas con fuerzas patronales impulsada por los partidos comunistas. Asimismo, los acuerdos alcanzados por el Kremlin con el imperialismo a espaldas de las masas, la política denominada de "coexistencia pacífica", chocaban con el desarrollo revolucionario, en Cuba y todo el mundo. La lucha armada de los "barbudos" de Sierra Maestra cuestionaba no sólo la política implementada por el stalinismo (sic) en Cuba, sino que destruía la concepción "etapista" que era su "fundamentación". No obstante, pese al acercamiento que se produjo entre Castro y los burócratas de Moscú en el transcurso de la década de 1960, el proceso revolucionario latinoamericano generó fuertes enfrentamientos con los partidos comunistas del continente" (González, 1999, 15).

La misma impresión tenía Regis Debray en 1964, cuando escribe El castrismo: la larga marcha de América Latina, señalando: "Las notas aquí publicadas tratan de señalar una táctica y una estrategia hoy en día a prueba en toda América Latina" (Debray, 1976, 44). La conclusión del polémico y olvidado texto de Debray es que: "el castrismo no es más que el proceso de recreación del marxismo-leninismo a partir de las condiciones latinoamericanas" (1976, 110).

Sin duda el primer desafío de la revolución cubana fue su rareza, su indefinición, nadie la vio venir y nadie sabía muy bien qué esperar de ella, eso explica entre otras cosas el amplio marco de fuerzas políticas que estuvieron dispuestas a apoyar con cobertura mediática, apoyo político o armas al Movimiento 26 de Julio[21].

Señala Ernesto González:

"sectores importantes del imperialismo sostuvieron una posición favorable a Castro desde el comienzo. El primer medio en entrevistarlo en Sierra Maestra fue el principal diario yanqui, The New York Times. Su corresponsal brindó a los norteamericanos la imagen de Castro y sus compañeros como la de "luchadores por la libertad" en contra de una dictadura corrupta y sanguinaria. Lo mismo harán otras publicaciones, ligadas tanto a los republicanos como a los demócratas (Chicago Tríbune, Time y Life, New York Post, Miami Daily News, Look, Coronet) y la cadena de televisión CBS, que envió sus corresponsales a la Sierra" (1999, 25).

Daniel Gaido y Constanza Valera (2016, 300) apoyándose en documentos de dos intelectuales castristas Martínez Here-

---

21 En el caso costarricense, José Figures Ferrer contribuyó a apoyar con armas a la revolución cubana, en una nota del diario La Nación (28/02/2014) a propósito de la muerte de Huber Matos, uno de los comandantes del Movimiento 26 de Julio y parte del equipo dirigente de la revolución hasta setiembre de 1959, cuando rompe políticamente con Fidel Castro, recuerda de esta forma los hechos: "En el testamento, el exaliado de Fidel Castro reafirmó el vínculo histórico que lo unió con este país, en cuya embajada en La Habana se asiló en 1957 y adonde viajó, ese mismo año, con el fin de buscar armas para la guerrilla que luchaba contra la dictadura de Fulgencio Batista. Otro exiliado en San José, el hondureño Moisés Herrera Aguirre, lo puso en contacto con el presidente José Figueres Ferrer, quien lo apoyó en su cometido. En un avión C-46, que partió de la pista de Chacarita, Puntarenas, Matos viajó con un lote de entre 13 y 14 toneladas de material bélico que incluía obuses, morteros, dos ametralladoras 50 y municiones. El vuelo acabó con un aterrizaje accidentado en un potrero en las estribaciones de la Sierra Maestra, bastión de los insurgentes, pero el armamento se salvó. Matos hijo indicó que tales armas "fueron claves" para una guerrilla urgida de ellas y que enfrentaba la arremetida de las fuerzas del régimen." A nuestro entender, estos hechos han contribuido a la mistificación del "carácter progresista" de José Figueres, mistificación a la que, por su parte, ha contribuido la propia dirección cubana y posteriormente el PVP y sus herederos.

dia y Carlos Franqui muestran que las ideas políticas del M 26 de Julio y de Fidel Castro desde el asalto al Moncada hasta el triunfo de la revolución cubana y sus primeros meses eran ideas y proyectos políticos que bien podrían ser confundidos con el yrigoyenismo argentino. Fidel Castro era miembro del ala izquierda del Partido Ortodoxo y seguidor de Eduardo Chibás, líder político muerto en 1951.

Helio Gallardo, otro intelectual afín políticamente a la revolución cubana, deja claro este carácter indeterminado y confuso, esencialmente "democrático y moralista" (Gallardo, 1980, 33) de la revolución cubana en sus inicios.

Más categóricamente el mismo Ernesto Guevara en su texto *Notas para el estudio de la ideología de la revolución cubana*, de octubre 1960, dice que la revolución cubana es una *"revolución singular"* (1968, 507) y que en el período que va del asalto al Cuartel Moncada al desembarco del Granma: "El movimiento era el heredero directo del Partido Ortodoxo y su lema central: «Vergüenza contra dinero.» Es decir, la honradez administrativa como idea principal del nuevo Gobierno cubano" (1968, 507).

Es decir un movimiento indeterminado en sus medidas políticas y económicas concretas y con eje en los problemas democráticos y "éticos", de corrupción administrativa.

El veloz viraje de la revolución cubana hacia medias radicales y socialistas[22], impresiona y repugna a los antiguos aliados

---

[22] "poco después de la toma del poder por los rebeldes en enero de 1959, el gobierno revolucionario, luego de aplicar justicia sumaria a los esbirros de Batista, experimentó, bajo la influencia directa de Guevara, un proceso de radicalización rápida que llevó desde la adopción de reformas elementales como la reducción de las facturas de electricidad y de los alquileres de las viviendas en febrero-marzo de 1959 a la proclamación de la Primera Ley de Reforma Agraria el 17 de mayo de 1959, la cual confiscó (con compensación sobre la base de valores de la tierra según la evaluación a efectos fiscales) todas las propiedades de más de 402 hectáreas de extensión y entregó la tierra a numerosas familias campesinas. (...) El 30 de octubre de 1960 fueron creadas

que abandonan al castrismo (es el caso de Huber Matos y José Figueres[23]) y se reafirman en su tradicional anticomunismo. También asombra a quienes le adversaron y desconfían de ellos desde la izquierda (los estalinistas).

Por ejemplo Gerardo Contreras asegura que las relaciones entre el PVP y la dirección cubana hubo desacuerdo de líneas hasta 1970 (2011, 43-46), no se especifica desde cuándo, pero está claro que entre la celebración del congreso de la OLAS en 1968 y 1970 las relaciones estaban rotas, los comunistas costarricenses fueron considerados *"reformistas"*.

La revolución cubana entusiasma y gana el apoyo de nuevas capas, toda un ala del trotskismo se vuelve guevarista. Mario Roberto Santucho romperá con la Cuarta Internacional y se lanzará a construir el Ejército Revolucionario del Pueblo, se volverá directamente castro guevarista:

"Esta no es una mera cuestión de nombres, sino que la IV Internacional, al sostener que el trotskysmo "es el leninismo de

las Milicias Nacionales Revolucionarias, un armamento del pueblo que, aunque llevado a cabo por el estado revolucionario y no sujeto a ningún tipo de control por parte de las instituciones de la clase trabajadora, tales como sindicatos elegidos democráticamente, permitió a Cuba repeler la invasión de Bahía de Cochinos, organizada por Estados Unidos, el 17 de abril de 1961 (...) Seis meses antes, el 13 de octubre de 1960, el régimen revolucionario había nacionalizado 376 empresas cubanas, y el 24 de octubre de 1960, había estatizado 166 propiedades total o parcialmente perteneciente a intereses estadounidenses. En cuestión de días, prácticamente toda la burguesía cubana fue expropiada. Más tarde, la etapa de "socialista" de la revolución fue remontada al 13 de octubre de 1960, aunque Castro no la bautizó oficialmente como tal hasta el 16 de abril de 1961" (Gaido, D. y Valera, C. 2016, 301).

[23] En un discurso del año 1959, Manuel Mora denuncia la nueva actitud de Figueres hacia la revolución cubana: "Dos cosas se observan en ese discurso: un estado de iracundia negativa en relación con Fidel Castro y con la revolución cubana; y una sobreestimación del significado de la acción armada que el propio señor Figueres dirigió. También se define ya, en forma que no deja lugar a dudas, la decisión de don José de poner sus capacidades y sus posibilidades de lucha al servicio de la política exterior de los Estados Unidos" (Mora, 1980, 307).

nuestro tiempo", desvaloriza los aportes de otros revolucionarios y maneja el pensamiento de Trotsky en bloque, negando sus errores. Carecen así de orientaciones correctas para una serie de cuestiones, especialmente aquellas relacionadas con la lucha armada. (…) La IV niega el carácter de verdaderos y completos partidos marxista-leninistas a los compañeros vietnamitas y cubanos" (Santucho, 2002 [1973], 1).

El trotskismo morenista pese a su oposición a elevar a la guerrilla como una estrategia permanente, consideraba en 1967 que la dirección cubana iba a lanzar una ofensiva guerrillera continental, muy similar a la que se vivía en Indochina. Los "muchos Vietnams" que pregonaba el "Che" Guevara se iban a vivir en Los Andes, esta idea era compartida por el conjunto de la Cuarta Internacional: "en 1967 toda nuestra Internacional creyó que la dirección cubana, con el Estado detrás, se lanzaba a desarrollar con todas sus fuerzas la guerra de guerrillas en América Latina como defensa al muy posible ataque imperialista. Si esta era la orientación de Fidel y el Che, se abría en nuestro continente una etapa de guerra civil continental semejante a la existente entonces en la península indochina. La guerrilla del Che era el comienzo de esa guerra civil continental." (Moreno, 2010, 113).

Las juventudes de los partidos "socialdemócratas", apristas[24] y demócratas cristianos[25], algunos individuos de la iglesia

[24] "En cuanto al ala izquierda del APRA, que el Che había encontrado ya durante su estancia en el Perú en 1953, es interesante subrayar que en los años 60 se convertiría en el MIR (Movimiento de Izquierda Revolucionaria), dirigido por Luis de la Puente Uceda, una de las primeras organizaciones de la nueva izquierda comunista de América Latina" (Lowy, 1973, 8).

[25] Marta Harnecker un intelectual referente del castrismo y el chavismo describe de la siguiente forma su pasó de la Acción Católica al castroguevarismo: "Creo que las condiciones fueron preparándose desde 1958 o 1959. (...) Como parte de un programa de la Iglesia Católica yo también había ido a trabajar a una fábrica de pastas (Lucketti) durante las vacaciones de mi tercer año de Psicología. Y lo hice porque quería quedar marcada para

católica abrazan el castrismo como Frei Betto o Camilo Torres, o movimientos enteros como Movimiento de Sacerdotes para el Tercer Mundo (MSTM) en la Argentina.

Hay toda una nueva configuración de la izquierda política en América Latina.

Excursus: La recepción del guevarismo en el trotskismo

La recepción y análisis del guevarismo es una problemática dentro de la tradición trotskista, para la corrientes como la que representa Jack Barnes, el castrismo es una corriente revolucionaria, continuidad del leninismo en nuestros tiempos. Para la corriente que representó Ernest Mandel, la estrategia guevaristas fue su "vía regia" para la revolución, Livio Maitán fue defensor de la lucha armada como la estrategia fundamental y realista para América Latina, todavía hasta 1969. Esta corriente trotskista participa de la lucha armada y de hecho se disuelve en las organizaciones guevaristas, el modelo de esta orientación sería el POR chileno que decide disolverse en el MIR en 1965. La concepción que comparte el autor de la tesis es cercana, aunque no similar a la que va a formular Nahuel Moreno al final de su vida. La concepción de Moreno

---

siempre por dicha experiencia, pensando que de esa manera no iba a caer en el aburguesamiento en que muchos estudiantes universitarios habían caído luego de transformarse en profesionales. (...) En este contexto se puede entender mejor la conmoción que produjo en mí la Revolución Cubana. A mediados de 1960, sólo seis meses después del triunfo, cuando todavía todos los guerrilleros verde olivo andaban con sus melenas largas, visité el país invitada como dirigente estudiantil de la Universidad Católica, junto a otros compañeros de la Universidad de Chile. Fue mi primer encuentro con una sociedad que estaba tomando medidas para resolver la desigualdad y aplicar la justicia social que yo ya buscaba. Eran los momentos de euforia, de improvisación y creatividad de una revolución que todavía no se declaraba socialista, pero que había transformado al pueblo en el verdadero protagonista del proceso y en su principal beneficiario" (Harnecker, 2016, 1).

sobre el guevarismo fue bastante empírica y pragmática, en general errática. En 1959 considera que el régimen salido de la revolución cubana es un "golpe gorila", luego cambia influenciado por los trotskistas estadounidenses y lo considera un Estado Obrero, en 1962 comparte la orientación guevarista, aunque luego retrocede, en 1964 considera a Fidel Castro y a Guevara los más grandes revolucionarios que ha producido América Latina, aunque polemiza con la estrategia guerrillera y defiende la lucha de masas. En 1967 considera a Guevara un héroe y mártir de la revolución. Para 1973, realiza un ajuste de cuentas con el guevarismo en *Tesis sobre el Guerrillerismo (1973)* que es el texto con el que más concuerda el autor de la tesis. La Fracción Bolchevique orientada por Moreno participa en 1979 de la revolución nicaragüense bajo la disciplina militar de los sandinista, pero es rápidamente expulsada de Nicaragua. El prólogo de 1986 a las *Tesis sobre el Guerrillerismo* (1973), completan su ajuste de cuentas. La opinión del autor de la tesis es que aunque las críticas de Moreno al guerrillerismo, le permitieron construirse como un organización política diferenciada, no logra realizar una critica global de lo que el guevarismo significó, por eso mantiene hasta el final de su vida la hipótesis de construir organizaciones comunes con alas venidas del guevarismo. Asimismo, fenómenos como la revolución cultural china o la ofensiva revolucionaria cubana de 1968 no son puestas en su adecuada dimensión, como "giros ultraizquierdistas" de una burocracia obrera es decir más similares a la colectivización forzosa estalinista, que a la revolución de octubre rusa o la revolución de noviembre alemana.

¿Cuáles debates dejó planteados la revolución cubana?

Hay un primer debate sobre las genealogías y las tradiciones revolucionarias, las raíces nacionales de la revolución social en Latinoamérica, la declaración de la OLAS de 1967 señala:

"Que la Revolución en América Latina tiene sus más profundas raíces históricas en el movimiento de liberación contra el colonialismo europeo del siglo XIX, y contra el imperialismo en este siglo. La epopeya de los pueblos de América y las grandes batallas de clase contra el imperialismo que han librado nuestros pueblos en las décadas anteriores, constituyen la fuente de inspiración histórica del movimiento revolucionario latinoamericano" (Lowy, 1980, 295). Antes en 1962 había señalado Fidel Castro en la *Segunda Declaración de La Habana*:

"Los pueblos de América se liberaron del coloniaje español a principios del siglo pasado, pero no se liberaron de la explotación. Los terratenientes feudales asumieron la autoridad de los gobernantes españoles, los indios continuaron en penosa servidumbre, el hombre latinoamericano en una u otra forma siguió esclavo y las mínimas esperanzas de los pueblos sucumbieron bajo el poder de las oligarquías y la coyunda del capital extranjero. Esta ha sido la verdad de América, con uno u otro matiz, con alguna que otra vertiente. Hoy América Latina yace bajo un imperialismo mucho más feroz, más poderoso y más despiadado que el imperio colonial español" (1962, 19).

Se busca analizar y valorar políticamente las experiencias revolucionarias en América Latina, sus límites y posibilidades en el caso de la revolución cubana esto se entenderá como el carácter martiano y marxista de la ideología revolucionaria, que quedara estampado inclusive en la Constitución, que sostiene, esta inspirada: "por el ideario de José Martí y las ideas político-sociales de Marx, Engels y Lenin" (PCC, 1976).

Los castristas se imaginaran internacionalistas como Marx y Lenin, la declaración *A los pueblos de América*, emitida por la Junta de Coordinación Revolucionaria en 1974 dice:

"El mayor desarrollo de nuestras organizaciones, el fortalecimiento de su concepción y práctica internacionalistas, permitirá un mayor aprovechamiento de las potencialidades de nuestros pueblos hasta erigir una poderosa fuerza revolucionaria capaz de derrotar definitivamente a la reacción imperialista-capitalista, aniquilar a los ejércitos contrarrevolucionarios, expulsar al imperialismo yanqui y europeo del suelo latinoamericano, país por país, e iniciar la construcción del socialismo en cada uno de nuestros países, para llegar el día de mañana a la más completa unidad latinoamericana".

Pero también el castrismo se considera latinoamericanista como Bolívar y San Martín. En 1970 el Programa del Ejército Revolucionario del Pueblo inicia de la siguiente forma:

"Con esta primera acción publicitada el Ejército Revolucionario del Pueblo, pasa a combatir en forma organizada, uniendo su actividad combatiente a la de otras organizaciones hermanas, asumiendo junto a ellas la responsabilidad militar en el proceso de guerra revolucionaria que ha comenzado a vivir nuestro pueblo, en su lucha contra la opresión económica, política, cultural y militar que la dictadura ejerce en representación del imperialismo yanqui y del capitalismo argentino. Es el comienzo de nuestra participación plena en la guerra de la Segunda Independencia, continuación de la que los fundadores de nuestra nacionalidad, el pueblo y los héroes, San Martín, Belgrano, Güemes, etc., sus soldados y guerrilleros los anónimos hombres y mujeres que se sacrificaron junto a ellos, libraron de 1810 a 1824, contrala dominación española. Hoy como entonces, la lucha será larga" (De Santis, 1998, 124).

Luego, se iniciará la discusión sobre las "vías de la revolución". Hasta antes de la revolución cubana el debate era sobre la dinámica de la revolución, es decir si era posible el socialismo en un solo país o si el camino era la revolución permanente.

Aquí hay un matiz importante porque se pone énfasis a los medios:

"la lucha revolucionaria armada constituye la línea fundamental de la Revolución en América Latina (...) todas las demás formas de lucha deben servir y no retrasar el desarrollo de la línea fundamental, que es la lucha armada (...) para la mayoría de los países del continente, el problema de organizar, iniciar, desarrollar y culminar la lucha armada constituye hoy la tarea inmediata y fundamental del movimiento revolucionario" (Löwy, 980, 295).

La definición sobre la lucha armada divide al movimiento revolucionario: "Frente al nacionalismo burgués, el reformismo y otras corrientes de menor importancia, en constante lucha ideológica y política con ellas, se alza el polo armado, el polo revolucionario que día a día se consolida en el seno de las masas, aumentando su influencia, mejorando su capacidad política y militar, convirtiéndose cada vez más en una opción real hacia la independencia nacional y el socialismo" (Löwy, 1980, 369).

El otro tema que pone en tela de juicio el castrismo es lo que Huberman y Sweezy llaman la "*legitimidad revolucionaria*" (1970, 12-13). Hasta antes de la revolución cubana por influencia del estalinismo se entendía que sólo podía existir "un partido marxista-leninista de la clase obrera" por país. La interpretación que los castristas harán de la experiencia cubana es que no es así que pueden existir en el mismo país varias organizaciones revolucionarias.

Debray apoyándose en Fidel Castro sostiene que la revolución sería realizada por "*el pueblo, los revolucionarios, con un partido o sin él*" (Huberman y Sweezy, 1970, 12).

Sostiene Debray ya en su interpretación: "Fidel Castro dice simplemente que no hay revolución sin vanguardia; que esta vanguardia no es necesariamente el partido marxista-leninista, y que aquellos que quieran hacer la revolución tiene el derecho y el deber de constituirse en vanguardia, independientemente de esos partidos" (1970, 13).

La revolución cubana plantea también el debate de la lucha armada como vía regia de la revolución, no de cualquier forma sino en la forma de unidad móvil combatiente, en forma de organización guerrillera:

"[para] la mayoría de los países del continente, el problema de organizar, iniciar, desarrollar y culminar la lucha armada constituye hoy la tarea inmediata y fundamental del movimiento revolucionario" (…) "la guerrilla –como embrión de los ejércitos de liberación– constituye el método más eficaz para iniciar y desarrollar la lucha revolucionaria en la mayoría de nuestros países. (…) la dirección de la Revolución exige como un principio organizativo la existencia del mando unificado político y militar como garantía para su éxito" (Löwy, 1980, 295).

Este posicionamiento excluía la vía pacífica al socialismo defendida por el krushevismo, pero también la vía de la insurrección proletaria que era la posición clásica del leninismo y el trotskismo.

Otra zona del debate es el de las características del bloque en el poder de los países latinoamericanos. En general los castristas interpretan el bloque en el poder como un bloque monolítico.

"La gran burguesía se enfrenta directamente a la revolución y no vacila en aliarse al imperialismo y al latifundismo para combatir al pueblo y cerrarle el camino de la revolución" (…) "El imperialismo, desesperado e histérico, decidido a emprender toda clase de maniobras y a dar armas y hasta tropas a sus títeres, para aniquilar a cualquier pueblo que se levante, un latifundismo feroz, inescrupuloso y experimentado en las formas más brutales de represión, y una gran burguesía dispuesta a cerrar por cualquier medio todos los caminos, a la revolución popular, son las grandes fuerzas aliadas que se oponen, directamente a las nuevas revoluciones populares de América Latina" (1964).

Esta interpretación chocaba contra la tradición comunista ortodoxa y trotskista de concebir la revolución como un momento de crisis revolucionaria uno cuyo de sus elementos es justamente la crisis y el enfrentamiento de las élites políticas y económicas.

"Estudiando la primera revolución obrera triunfante, la rusa, Trotsky definió cuatro condiciones para que hubiera una situación revolucionaria:

1) La crisis total, económica y política de la burguesía y su Estado- La burguesía en Rusia no sabía qué hacer. ¿Cómo continuar la guerra con un ejército donde los soldados desertaban o metían presos a los generales? ¿Qué hacer con la economía, que estaba en ruinas? ¿Para qué servía el gobierno, si nadie le hacía caso? Era una hecatombe. La burguesía no podía gobernar. Esta es la primera condición, porque si no hay crisis económica, política y de todo tipo en la burguesía, no hay situación revolucionaria aunque la clase obrera sea muy combativa" (Moreno, 1984).

Convencionalmente se habla de dos períodos de ascenso del castrismo o de dos olas, una primera que va desde el triunfo de la revolución cubana hasta la caída del Che Guevara. (Lamberg, 1971, 421-423) (Greco, 1985) donde el énfasis está puesto en el carácter rural de la guerrilla, después de los reveses y el ascenso de las luchas urbanas a partir de 1968-1969, cuyos ejemplos serían el Cordobazo Argentino y la UNAM en México, habría un ajuste del castrismo hacia movimientos de guerrilla urbana.

A partir del fracaso de la guerrilla rural, especialmente la del "Che" Guevara, se empezó a plantear el debate sobre la excepcionalidad de la revolución cubana, donde uno de los elementos de su excepcionalidad era la personalidad de Fidel Castro (Debray, 1976, 163), (Guevara, 1968, 515).

¿Cómo respondió Mora al desafío guevarista?

José Merino del Río, uno de los herederos más autorizados de la tradición intelectual y política que representa Mora Valverde, escribe un artículo en 1997 sobre el "Che" Guevara, el artículo se escribe en el marco de las conmemoraciones por la exhumación del cadáver del "Che" y el 30 aniversario de su caída.

Señala Merino del Río:

"Michael Löwy recuerda que algunos lo llaman "el último revolucionario del siglo XX". ¿Y si el Che fuera el precursor de las revoluciones del siglo XXI? El fuego de la lucha necesaria, que sigue ardiendo bajo las cenizas del desencanto, la pasión lúcida e incandescente del compromiso revolucionario que sigue quemando frente a los mensajes de muerte de los falsos profetas del fin de la historia, del pensamiento único y del totalitarismo neoliberal" (1998, 82).

Esta continuidad entre la herencia de Mora Valverde y la de Guevara no siempre fue así de armónica, Merino muestra en su texto sobre Manuel Mora, como la actitud del Partido Vanguardia Popular fue la oposición a quienes querían aplicar de "manera mecánica" la experiencia cubana, la misma acusación de "mecánicos" o de querer aplicar "recetas" le será endilgada a los seguidores de Humberto Vargas Carbonell y Arnoldo Ferreto en el momento que se divide el Partido Comunista (Merino, 1996, 210). Seguir "recetas" o ser "testimoniales" es el recurso discursivo que utiliza el "morismo" con sus rivales, siempre se ha imaginado así mismos como "originales" e "innovadores", aunque como hemos demostrado la tesis del comunismo "a la tica" es una amalgama de las viejas tradiciones estalinistas (culto a la personalidad), nacionalistas (excepcionalismo costarricense) y liberales (concepción organicista).

Un elemento consistente en el pensamiento de Manuel Mora, es que no considera el combate militar como parte integrante de la lucha política salvo en dos momentos: al inicio del PC CR y en los albores de la Guerra Civil[26].

Así en el año 1977 ya muy atrás la polémica con el castrismo de primera época y a sólo dos años del triunfo de la revolución sandinista, experiencia que será vista como una "segunda edición" de la cubana[27], Manuel Mora señala: "Los

---

[26] "Es cierto que nosotros creamos brigadas de choque durante la administración de don Teodoro Picado. Pues bien, nuestros adversarios políticos, que eran audaces y agresivos, muy pronto comenzaron a deshacer nuestras reuniones atacándolas a leñazos, a pedradas y hasta a tiros. Ya nos era imposible hablar en las plazas públicas. Don Teodoro se negaba a garantizar nuestros derechos por temor a usar la fuerza pública contra sus adversarios. Por eso creamos las brigadas. Para defendernos" (1980, 269).

27 En la sección editorial del Nº5 de la Revista Trabajo, la Revista teórica del Comité Central del Partido Vanguardia Popular se lee: "La experiencia de Cuba, Yemen, Congo y otros países, nos enseña que la lucha armada de los pueblos por sus reivindicaciones democráticas y anti imperialistas-y esta es hoy la experiencia de Nicaragua- es posible que se desarrolle a pesar de la presencia directa de partidos marxistas pequeños" (1979, 3). En la misma revista se reproduce un discurso de Fidel Castro Ruz que señala, las similitudes y continuidades entre a la revolución cubana y la nicaragüense: "Similitudes: ellos alcanzaron la victoria por un camino similar al que fue nuestro camino; ellos alcanzaron la victoria de la única forma en que, tanto ellos como nosotros, podíamos librarnos de la tiranía y del dominio imperialista: ¡con las armas en la mano! (APLAUSOS), luchando duramente, heroicamente".

Y debemos decir, debemos resaltar, que la Revolución Nicaragüense se destacó por su heroísmo, por su perseverancia, por la tenacidad de sus combatientes, porque no es la victoria de un día: es la victoria de 20 años de lucha, ¡veinte años de lucha! (APLAUSOS) Porque en el mismo año en que triunfó nuestra Revolución, ya había núcleos de combatientes dirigidos por aquel extraordinario y maravilloso combatiente Carlos Fonseca Amador, continuador de Sandino (APLAUSOS), y fundador del Frente Sandinista de Liberación Nacional, guía del pueblo en aquellos días terribles, cuando la victoria estaba tan distante, jefe caído en la lucha, como cayeron tantos en nuestra propia tierra; como cayó Martí, como cayó Maceo, como cayó Agramonte; como cayeron, de nuestra generación, Abel y Frank País, sin lograr ver la victoria, ¡pero seguros de la

que dicen que bastan unos rifles y una buena montaña para construir el socialismo en un país, andan completamente equivocados. Los rifles nunca podrán sustituir la conciencia de las masas populares" (Merino, 1996, 213).

El grueso del enfrentamiento y el desafío que implicó la estrategia guerrillera para el estalinismo, ya había pasado. La polémica que Eduardo Mora Valverde (1975) realiza contra el PSC y el MRP es una polémica puramente teórica-estratégica, no tenía implicaciones prácticas inmediatas. Cuando se intenten acciones guerrilleras propiamente dichas, el PVP no dudará en condenarlas claramente, lo mismo harán quienes en principio estaban a favor de la estrategia guevarista[28].

Un momento de reforzamiento del sectarismo (producto de la represión política y la marginación social) y de fortalecimiento de la ortodoxia marxista-leninista por sus creciente vínculos con el PCUS y el aparato estalinista mundial. Así podría ser calificado el momento por el que pasaba el PVP cuando se empieza a desarrollar la estrategia guevarista a escala latinoamericana.

Por lo tanto, la respuesta del PVP y de Manuel Mora fue rígidamente dogmática y tradicionalista, reforzó su propia tradición nacional y reforzó la adhesión a la concepción de la coexistencia pacífica y de tránsito pacífico al socialismo que defendía el PCUS.

victoria! (1979,5). En su estudio sobre Manuel Mora, José Merino señala: "La revolución sandinista tenía muchos puntos en común con la revolución cubana, se trataba de una revolución democrática contra una dictadura apoyada históricamente por el imperialismo de los Estados Unidos" (1996,195).

[28] El 20 de marzo de 1981, la comisión política del Partido Vanguardia Popular emite un comunicado titulado "Vanguardia Popular condena el terrorismo". Allí afirma: "a lo largo de 50 años nuestro partido jamás ha recurrido al terrorismo como método de lucha", en todo momento el PVP mantuvo su oposición al uso de acciones guerrilleras en el país (Díaz, 2018, 95), (Merino, 1996, 202).

Eduardo Mora Valverde, a la altura de 1969 señalaba:

"Las libertades democráticas conquistadas por nuestro pueblo, que forman parte de un régimen político, que unido a las tradiciones civilistas y democráticas, que son entrañables para la mayoría de los costarricenses, determinan la posibilidad actual del desarrollo pacífico de la revolución" (Merino, 1996, 165).

El principal obstáculo para desarrollar esa estrategia con el ímpetu necesario era:

"el sectarismo que en esta materia ha promovido la dirección de la Revolución Cubana, que pretende reducir la lucha revolucionaria a la lucha armada, e interpretar la lucha por la democracia como un "aburguesamiento" de los partidos comunistas latinoamericanos" (Merino, 1996, 167).

Estamos obviamente viendo el eco del debate efectuado durante el primer y único congreso de la OLAS.

El encono y la oposición del PVP y los guevaristas se mantendrán durante la década del setenta. Aunque ya para mediados de los años setenta se han tendido puentes, la legalización del PVP en 1975, amplió su capacidad de acción política y también su capacidad de presentar como razonable y viable la "vía pacífica a la revolución". Esta estrategia podría ser formalmente rechazada por la "nueva izquierda", pero no podían dejar de parecerles viables o razonables los avances político-prácticos que implicaba la representación parlamentaria y la posibilidad de impulsar leyes favorables a los trabajadores. Ese acercamiento que se abre en 1975, se mantendrá con la unidad electoral en la FEUCR y finalmente con el acuerdo del frente electoral Pueblo Unido en 1977, las diferencias entre comunistas "a la tica" y guevaristas, se terminará de zurcir, de manera contradictoria con el triunfo de la revolución sandinista, donde participarán comunistas, socialistas y militantes del MRP por igual. Simbólicamente, las diferencias quedarán imaginariamente borradas cuando Fidel Castro le otorga la orden Playa Girón a Manuel Mora, en los años ochenta.

Pero todavía en el período 1970-1975 el encono entre vanguardistas y guevaristas es notable.

Estamos a pocos años de la caída del "Che" Guevara, según Humberto Ortega y Sergio Erick Ardón (2019, 239; 256) el año 1969 fue un año de mucha actividad sandinista en Costa Rica, se pretende realizar una reunión política del sandinismo en enero de 1969, pero la mayoría "*serán capturados por las autoridades costarricenses*" (Ortega, 2004, 197).

La reunión finalmente se realiza y tiene carácter de congreso constituyente, es "la primera de tal envergadura que puede realizar el Frente Sandinista" (Ortega, 2004, 198), según Sergio Erick Ardón estarán presentes los 15 principales dirigentes del FSLN y los que diez años después serán los principales dirigentes de la revolución sandinista (Picado, 2013, 3).

En esta actividad realizada en los primeros meses de 1969 se aprueba entre otros los Estatutos y Programa Histórico de 1969, el programa reza: "El FSLN es una organización político-militar cuyo objetivo estratégico es la toma del *poder político* mediante la destrucción del aparato militar y burocrático de la dictadura y el establecimiento de un gobierno revolucionario basado en la alianza *obrero-campesina* y el concurso de todas las fuerzas patrióticas *antiimperialistas y antioligárquicas del país*" (FSLN, 1969).

La actividad tiene el apoyo de Sergio Erick Ardón, líder del Partido Revolucionario Auténtico, en las memorias de Humberto Ortega, de este período de tiempo, nos muestran que Manuel Mora y el PVP no juegan ningún papel político, ni técnico en el apoyo al sandinismo, lo mismo en sentido contrario sucede con las memorias de los principales dirigentes comunistas. El apoyo de Ardón y el PRA a el FSLN venía de atrás, el apoyo era parte del principio de "solidaridad de los pueblos" (Picado, 2013, 4) tal como lo entendía el guevarismo.

Señala Ardón que este era un compromiso: " que asumíamos sin cálculos ni límites. Ya sea participando directamente en las acciones para rescatar a Carlos Fonseca, detenido en la cárcel de Alajuela o en la adquisición de armas y medicinas, documentos, alojamientos, traslados, correos" (Picado, 2013, 4).

Tal como señala Ardón (2019, 236; 259) después de la histórica reunión de 1969, Carlos Fonseca Amador caerá preso, el 31 de Agosto de 1969, acusado de participar en el robo de un banco en La Uruca (2019, 240). Los hechos que llevan a su liberación el 21 de Octubre de 1970, en la que será la primera operación guerrillera exitosa del FSLN para liberar presos políticos (Ortega, 2004, 214) involucran varios intentos de liberación, un operativo internacional que involucró al gobierno costarricense y el cubano y una campaña internacional que tuvo el apoyo inclusive de Jean Paul Sartre y a Simone de Beavuoir (Ortega, 2004, 198-21).

Estos movimientos particularmente intensos y de una relevancia histórica notable, juegan un papel nulo en la narrativa comunista clásica y por lo tanto en el pensamiento de Manuel Mora Valverde. En las memorias de Sergio Erick Ardón, podemos encontrar su valoración del papel de los vanguarditas en estos hechos: Sectarismo, participación en el linchamiento mediático de los sandinistas y de quienes les apoyaban, "ombligismo" es decir concentrarse en su propia legalización sin ver la situación más amplia del área y finalmente conspiracionismo al creer que todo lo que no fuera realizado por ellos era obra de la CIA (Ardón, 2019, 254).

En agosto 1984 en la Revista Teórica del Comité Patriótico Nacional, *COPAN* (1984, 77-95), se reproduce una polémica pública entre el PVP y el FSLN, los individuos que llevan adelante la polémica son Adolfo Herrera García y Carlos Fonseca Amador, en marzo de 1970.

Es una polémica ácida y acre, de rivales políticos muy hostiles. Adolfo Herrera García, compara el FSLN con "la carabina de Ambrosio" es decir que dispara al revés, por lo tanto las acciones del FSLN son contraproducentes, contraproducentes en la conciencia del pueblo que rechazan la acción militar y por esa vía la acción revolucionaria, pero también contraproducentes en el esfuerzo por lograr la re legalización del Partido Comunista. "desde 1948 el Partido Vanguardia Popular está ilegalizado y en el curso de esos 22 años los comunistas han sido fusilados, exiliados, encarcelados y perseguidos en todas formas" (COPAN, 1984, 77).

Los vanguardistas distinguían la represión producto de la necesidad, que la represión *"por gusto"* producto de "dejarse llevar por el subjetivismo, por los impulsos que producen los sentimientos de justicia y amor al pueblo" (Mora, 1975, 10). La acusación de Adolfo Herrera García parece injusta a la luz de las memorias de Sergio Ardón, quien enfatiza en los constantes llamados de Carlos Fonseca Amador y Humberto Ortega para *"proteger la retaguardia"*.

Resumiendo, podríamos señalar que las principales objeciones de Manuel Mora Valverde y los vanguardistas a la estrategia guevarista serían:

1. Intentar desconocer las "leyes naturales" que gobiernan la historia y los procesos sociales, *"los comunistas conocemos las leyes de la revolución"* (1980, 412). Estas leyes no pueden ser apresuradas, ni acortadas a voluntad.

2. Desconocimiento de la importancia de la democracia "sin adjetivos" para la historia política de Costa Rica, las cuales pueden ser interpretadas como "un logro universal que tiene el sello de las luchas de las clases trabajadoras" (Merino, 1996, 213).

3. Este régimen político costarricense es una herencia y tradición esencialmente buena, *"noble y positiva"* (Mora, 1980, 261) que hay que proteger y desarrollar por qué "el régimen político que surgió de esa lucha es nuestro, muy nuestro, porque es de todo el pueblo y no de una camarilla ni de una casta social" (Mora, 1980, 400). Los guevaristas ignoran esto y por esto su análisis sería o bien dogmático o bien un recetario.

4. La democracia en la interpretación original de Mora y los vanguardistas es también un "estado de conciencia" (1980, 412) o un "instinto político de nuestro pueblo que marca rumbo hacia la paz" (1980, 443), un espíritu incorporado en los costarricenses (1980, 443). Hay pues una fuerte metafísica espiritualista en la concepción de Manuel Mora sobre las tradiciones políticas costarricenses. Es importante señalar aquí que el espiritualismo, el organicismo y la metafísica son parte integrante del pensamiento de los dos hermanos Mora, los tres ingredientes están "armonizados" en el evolucionismo histórico y la vía excepcional del socialismo costarricense.

Mora Valverde llegará a asegurar que estas tradiciones políticas costarricenses "son una fuerza autentica y efectiva, más efectiva que la fuerza misma de las bayonetas" (1980, 261). Esta posición será la más objetada al pensamiento de Mora Valverde, objeciones que parecen ser de tres tipos: 1) La ruptura de legitimidad revolucionaria del PVP, es decir ya no son los vanguardistas los únicos que pueden hablar de revolución; 2) la actualidad de la revolución social que puso al orden el día el triunfo de la revolución cubana (Salom, 1978, 83) (Araya, 1988, 151); y, 3) el olvido del carácter de clase de la democracia costarricense, es decir, su caracterización como democracia burguesa, objeción en la que coincidirá Álvaro Montero Mejía (Merino, 1996, 191) en el año 1975 y Humberto Vargas Carbonell en el año 1984 (Merino, 1996, 210).

5. En el plano más táctico las acciones militares y guerrilleras era repudiadas bien porque entorpecían la campaña por la relegalización del PVP, esto antes de 1975 o bien porque eran una excusa para la represión, la militarización de la vida social y la persecución de organizaciones populares. Que será la posición del PVP, cuando La Familia inicia su proyecto de Guerra Popular Prolongada. El morismo ha sido homogéneo en su caracterización que el terrorismo o la propaganda por los hechos da pie a la represión del Estado o a las organizaciones paramilitares como el Movimiento Costa Rica Libre, además de ser el arma preferida de la derecha, en el caso específico de Manuel Mora recordará los atentados terroristas contra su propia vida (Díaz, 2018, 95-96).

6. El otro elemento de discordancia con los guevaristas sería una posición "filosófica" la animadversión por la intervención de las emociones (COPAN, 1984,77), los sentimientos (Mora, 1975, 10) los gritos (Mora, 1975, 10) en la política, en la entrevista que hicimos a Álvaro Montero Mejía indica este consejo de Manuel Mora Valverde sobre no hablar "duro", "no enojarse", evitar el "resentimiento", este hecho folclórico sobre el uso de los discursos, no produjo a una meditación sobre el caudillismo y la deformación que produce en el lenguaje político, reflexión que por ejemplo si podemos encontrar en Pío Víquez quién justamente identifica como uno de los rasgos del caudillismo local la adulación, la "alabanza abigarrada de entonación lírica" (Rodríguez, 1979, 216).

Entonces, la política revolucionaria seria científica o derivada del análisis científico y alejada de las pasiones de todo tipo muy especialmente del odio (Mora, 1980, 56) (Mora, 1980, 328) y el resentimiento (Mora, 1980, 224). El uso de "política emocional" será imputado tanto a quienes defienden la estrategia guerrillera como a los grupos paramilitares de derecha.

Esta "política emocional" muchas veces es imputada a la juventud de quien la ejecuta, los vanguardistas cuando quieren ser simpáticos los trataran con condescendencia casi paternal (1975, 9) cuando no, con sorna y burla. Adolfo Herrera García los comparara con *los Boy Scouts*.

7. Ya inclusive con el triunfo de la insurrección sandinista logrado, el PVP seguirá insistiendo en un matiz con la experiencia guerrillera que es la necesidad de un "partido marxista leninista" como clave de la conducción del proceso. (Trabajo, 1979, 3). El FSLN, ya en el poder, se transformará de un partido-ejército en un partido estalinista, ya en 1984 este tipo de partido estalinista esta completamente formado en Nicaragua, lo que obviamente facilita el acercamiento entre moristas y sandinistas, acercamiento que no se rompé hasta bastante después de la rebelión de mayo de 2018 contra la dictadura de Ortega.

5.10) Ex Cursus: El debate sobre las "dos economías"

Un debate muy poco estudiado y detallado en lengua española es el debate a lo interno del marxismo sobre la existencia o no de dos economías, aunque los teóricos y políticos burgueses y estalinistas daban por un hecho obvio la existencia de "dos mundos" y "dos economías" esta posición no era de recibo dentro de las tradiciones marxistas menos dogmáticas. Así autores como Ernest Mandel aceptaba con matices la teoría de las dos economías:

"Contrariamente a lo que afirman numerosos sociólogos que se esfuerzan en utilizar el método de análisis marxista, la economía soviética no revela ninguno de los aspectos fundamentales de la economía capitalista. Sólo las formas, los fenómenos superficiales, pueden inducir a error al observador que busca su naturaleza social (1976, 174). Más adelante afirma: "La economía capitalista mundial forma un todo (…). Por el contrario, la economía soviética, aun conservando determinados lazos con la economía capitalista mundial, se sustrae a las oscilaciones coyunturales de la economía mundial" (Mandel, 1976, 175).

Por otro lado, autores como Pierre Naville, Pierre Lambert o Nahuel Moreno sostenían que existía una sola economía mundial de la cual los "países socialistas" eran un subsistema oprimido por la vía del comercio desigual y la dependencia tecnológica, para Lambert-Moreno esta "mistificación" de Mandel era una de las fuentes de sus errores políticos:

"Completando esta cadena que aparta al revisionismo del marxismo, aceptando la concepción de los teóricos de la burocracia del "socialismo en un solo país", el pablismo ha aceptado las premisas del stalinismo de que en el mundo actual existen dos mundos económica y políticamente enfrentados y antagónicos: el del imperialismo y el de los estados obreros burocratizados. Esto no es así en el terreno político ni en el económico. No hay dos mundos económicos a escala mundial. Hay una sola economía mundial, un solo mercado mundial, dominado por el imperialismo" (Moreno, 1990, 68).

Pierre Naville en una extensa obra apenas conocida y traducida sólo de manera incipiente al español parece ser la fuente teórica de la posición política de Moreno-Lambert. Señala Naville:

"Después de la Segunda Guerra Mundial, la teoría económica se encontró de tal manera obstruida por los hechos surgidos de esa gigantesca sacudida que renunció a cualquier intento de reunir en un solo sistema explicativo una multiplicidad de fenómenos imprevistos. ¡Qué paradoja! En el momento en el que se dibuja –mucho más claramente que en la época de la ascensión europea de una economía capitalista, es decir, cuando Marx escribió *El capital*– la unidad de una economía de transición verdaderamente mundial, los teóricos se declaran impotentes para dominar una diversidad de apariencias que no estaba en el programa. Los que cantan loas al "neocapitalismo", a la economía "moderna", acumulan las descripciones para concluir que el capitalismo clásico no existe más. Los apologistas del campo "socialista", extendido a una pluralidad de "socialismos en sólo país", empiezan la búsqueda de un principio específico para explicar sus propios desengaños, sus éxitos y sus contradicciones. Unos y otros protestan contra todas las fórmulas de integración en el momento mismo en que cada uno de ellos es impulsado a buscar una integración que manifieste justamente la persistencia, e incluso la supremacía indiscutible, del mercado mundial" (Naville, 2006, 238).

La experiencia obrera: contrapunto entre la primera y la segunda ola del marxismo

Hay otro punto ciego que es de la mayor importancia para la comprensión y la ubicación de las características de la nueva izquierda o de la segunda ola del marxismo (Dobles y Leandro, 2005, 41-106).

Ese punto ciego es la relación con el movimiento obrero. Es decir, la comprensión del movimiento obrero como sujeto social de la revolución, pero también como centro constructivo privilegiado de las organizaciones de izquierda política[1].

[1] Este punto es indicado pero no del todo meditado a profundidad por Nahuel Moreno, en una entrevista de 1986, intentando hacer un balance de las experiencias revolucionarias de la posguerra, es decir del maoísmo y del castrismo señala: "después (...) de mirar con simpatía al régimen que surgió de la Revolución Cubana, he llegado a la conclusión de que es necesario continuar con la política revolucionaria de clase, aunque postergue la llegada al poder para nosotros en veinte o treinta años, o lo que sea. Nosotros aspiramos a que sea la clase obrera la que verdaderamente llegue al poder" (60) (...) "estoy convencido de que nuestro "sectarismo", en el sentido de permanecer junto al movimiento obrero, es enteramente correcto. No hay forma de engañar al proceso histórico y de clase. Si yo dirijo al movimiento campesino a la conquista del poder, no puedo construir una democracia obrera. Es imposible llegar al socialismo con democracia basándose en el campesinado, es algo que va contra las leyes descubiertas por el marxismo y confirmadas por, la historia. La superestructura política que surja será acorde con la clase que toma el poder. (2017, 59). Esto es cierto en la comprensión de los resultados de los procesos revolucionarios de posguerra, dando una explicación material y sociológica a las

El texto teórico o mejor dicho teórico-psicológico que más medita sobre la segunda ola del marxismo es el texto *Militantes* (2005) de Ignacio Dobles y Vilma Leandro, una reflexión política y psicológica sobre la base de una serie de entrevistas a militantes de la izquierda política de los años setenta.

Podemos cruzar este texto de Dobles y Leandro, con los testimonios de la época y con las ficciones literarias como *Te llevare en mis ojos* (2007), de Rodolfo Arias Formoso.

Sobre esta base podríamos hacer un cuadro donde la nueva izquierda nacería con la lucha contra la aprobación del contrato minero de ALCOA, en 1970.

Vale la pena aquí hacer una aclaración sobre este acontecimiento político, que todos los analistas consideran clave para comprender el marxismo costarricense de los años setenta.

Es de suma importancia traer a debate la investigación de Randall Chaves Zamora (2018, 103-133) sobre los sucesos de ALCOA, Chaves aunque no parece tener un conocimiento tan detallado de la izquierda política costarricense y sus debates, así como los debates por los que pasaba "el movimiento comunista internacional", sí aporta datos contundentes en relación a dos hechos: 1) Que la memoria de ALCOA es construida a posteriori y pese a la importancia capital que tiene este evento en la memoria de la "segunda ola del marxismo" el hecho es que después de 48 años sólo existen dos narraciones sistemáticas del evento la de Romero Pérez y la que nos presenta actualmente Chaves Zamora. Este vacío en la narración

---

razones por las que los regímenes políticos de las sociedades poscapitalistas fueron todos regímenes autoritarios. Ahora, esta meditación no fue extensiva a la comprensión de la construcción de los partidos políticos revolucionarios y sus direcciones, como señala Martín Hernández, en el mismo momento en que Moreno hacia las críticas señaladas al castrismo y maoísmo, es decir, a las direcciones campesinas pequeñoburgueses, señalaba como táctica privilegiada de construcción partidaria la táctica de frente único revolucionario, una táctica para fusionarse con sectores de la guerrilla maoísta o castrista sobre la base de un programa "mínimo revolucionario" (Hernández, 2019, 176-181).

histórica permitió una memoria construida donde se presenta ALCOA como un movimiento claramente influenciado por la radicalización política del "68" parisino y donde la izquierda jugó un papel central en su organización y promoción.

Chaves Zamora muestra una imagen más matizada, primero una sociedad muy conservadora y aún muy "aldeana", muy protegida de la modernización política y cultural que ocurrió en los países capitalistas centrales, aunque sin duda ya estaba en curso de una modernización económico-social conducida "desde arriba". Misma idea que podemos encontrar en la *Institucionalidad Ajena(2006)* de Manuel Solís y en Alfonso González en *Mujeres y Hombre de la posguerra costarricense (1950-1960)*(2005)[2].

En ese marco es que empieza la movilización social contra ALCOA, los opositores al contrato son políticamente un sector de la "dinastía de la sangre" (Solís y González, 2000, 242) (Stone, 1998,251) es decir de los vencedores de la guerra civil (como Fernando Volio Jiménez) muy difícilmente vinculables a algún valor político o cultural "de izquierda", desde el punto de vista sociológico la UCR era la productora de los nuevos profesionales de un Estado en expansión y este a su vez era simultáneamente el principal empleador del período. La izquierda política en realidad juega un papel secundario, subordinado. EL PVP porque no tenía presencia parlamentaria y su principal preocupación era la recuperación de la legalidad, además hasta ese año lo "juvenil" no parecería ser una prioridad de los vanguardistas quienes estaba resistiendo su ilegalización atrincherados en las Juntas Progresistas y en el sindicalismo bananero apenas en remozo, después de la difícil represión de los años 1959-1962.

---

[2] "Fue una época de grandes causas revolucionarias de cruzadas para salvar el mundo occidental. Al lado, sobre sus espaldas, siguiendo sus huellas, vigilándolos, los jóvenes y adolescentes de la época vieron crecer y consolidarse un anticomunismo estatal, alimentado al extremo por la Guerra Fría" (González,2005, 53).

Por otra lado, el PRA era una organización clandestina. Los guevaristas están "clandestinizados" y los vanguardistas ilegalizados y concentrados en la clase obrera y el pueblo, siguiendo su formato. Es a posteriori con la reacción anticomunista (Figueres incluido) que acusa a los estudiantes de "comunistas", "izquierdistas" o víctimas de la infiltración cubana, que se le habré una "ventana" a Vanguardia Popular para reivindicar para sí toda la responsabilidad por los hechos del 24 de abril, sobre todo los hechos en su carácter radical. Los hechos son tozudos y no puede ocultar la participación y el liderazgo de los sectores liberacionistas, profesionales y aspirantes de profesionales. Gracias a Chaves Zúñiga podemos ver con más equilibrio, con más claro oscuros uno de los momentos de la epopeya comunista y de la narrativa a posteriori de la "generación de ALCOA".

Retomamos nuestro hilo central. Convencionalmente se inicia la epopeya de la Nueva Izquierda con la lucha contra ALCOA. A partir de allí y partiendo de un mundo cultural y político básicamente conservador, más precisamente marcado por el conservadurismo procedente de la derrota de los comunistas en 1948. Se empieza a producir un proceso de radicalización política y de modernización cultural.

En este proceso la radicalización política encuentra como motivo, como retórica (que no como práctica) la revolución cubana y la estrategia guevarista.

La "epopeya" de la Nueva Izquierda es más corta que la epopeya comunista. Va de 1970 a 1979, extendiéndose un poco hasta 1982, en algunos casos.

Esta "epopeya" que arrancaría en ALCOA, continua con el "despertar juvenil" es decir el ingreso al mundo de la educación superior o la fase final de la secundaria, tiene como paso siguiente la selección o ingreso a la organización de izquierda en la que se iba a militar que para la primera parte de los años setenta eran cuatro opciones: el PVP, el PSC, el FPC y el MRP. La selección de la alternativa no parece estar demasiado marcada por la claridad programática o estratégica.

Luego de eso hay dos hitos repetitivos el triunfo de la izquierda en las elecciones federativas de la UCR en 1974-1975 y la primera coalición de Pueblo Unido en 1978 y todas las dificultades para lograrla, finalmente se abre el camino hacia la participación en la revolución nicaragüenses en 1979, asociado a labores militares o de solidaridad (Araya, 1988, 145-170).

Ya la campaña de 1982, es recordada con distancia, Álvaro Rojas la considera una campaña durísima y Araya la caracteriza con el inicio de la bancarrota de la izquierda (1988,165).

Pero hay un elemento que en el análisis de Dobles y Leandro y en la ficción de Arias Formoso, que no está suficientemente enfocado: el problema del movimiento obrero como tal.

Aunque en las memorias de los militantes de la segunda ola del marxismo aparece frecuentemente el tema del movimiento sindical, este aparece como movimiento sindical de los empleados públicos, es decir de sectores que nos son el proletariado.

Esto es interesante porque hay un desplazamiento, una diferencia entre la primera ola y la segunda ola del marxismo, que no se nota y no se tematiza.

Para lograr realizar este contra punto entre las dos olas, creemos que es de particular importancia apropiarse de las meditaciones/explicaciones que presenta Jaime Cerdas en sus memorias: *La Otra Vanguardia* (1993) texto de madurez y en algún sentido testamento político al borde de la muerte.

Jaime Cerdas Mora, fue parte del equipo fundador y dirigente del Partido Comunista de Costa Rica, de la dirección sindical de la huelga de 1934 y posteriormente fundador del Frente Popular, sus memorias tienen la ventaja de "estar menos comprometidas" con la narrativa oficial del PVP, pero también son un documento elaborado por un testigo presencial y actor primera de "los años de fuego" del Partido Comunista.

Si seguimos las memorias de Jaime Cerdas sobre todo los primeros años de construcción del PC CR hay un claro énfasis en las características obreras del PC CR, tanto en su composición, como en sus candidatos y dirección política.

Queremos señalar una serie de características importantes que, siguiendo el testimonio de Cerdas, podríamos deducir de la práctica y funcionamiento de los primeros años del PC CR:

La composición obrera de la dirección política y el deseo que eso se mantuviera de esa forma. Cerdas señala que el buró político del PC CR estaba conformado por: Manuel Mora, Jaime Cerdas y Luis Carballo, que era trabajadores intelectuales, pero Adolfo Braña, Montero Berry, José Barquero, Carlos Marín y Guillermo Fernández, eran obreros, trabajadores manuales. Braña era mecánico, Montero Berry era herrero, Carlos Marín afilador, José Barquero Carpintero. Además, señala: *"todas las sesiones eran de noche, porque todos teníamos que trabajar. Eso hizo que el Partido se desarrollará con mucha mística. La Dirección estaba inmersa en la producción, y no como fue después, que estaba sólo viendo las cosas desde arriba"* (1993, 66), más adelante el mismo Cerdas señalará:

"Lo que si es que todos trabajábamos y sabíamos lo que era producir. Todos estábamos ligados a la vida económica real del país, y sabíamos en carne propia que no era posible distribuir lo que no se ha producido. Esto no lo podría entender más tarde quienes, sin pasar por la escuela de la vida ni del trabajo, veían la revolución desde la vitrina relativamente privilegiada, pero sin duda aislada y aislante, de sus escritorios de burócratas de Partido" (1993,126). Un último aspecto en relación con la huelga de 1934 del que fue dirigente señala: "Años después, los que los terminaron marginando, quisieron halagar su vanidad, exagerando burdamente el papel de Ferreto y Manuel y minimizando el mío" (1993, 92).

Estos diagnósticos de Cerdas al final de su vida son interesantes porque señalan algo que se fue perdiendo en el camino en y las modificaciones sociológicas y culturales que fue teniendo la izquierda política. En el testimonio de Cerdas vemos dos diagnósticos, el que apunta al problema de la burocratización asociada a los "revolucionarios profesionales" y el peligro que implica su burocratización y el segundo el problema de la falsificación ideológica de la historia, producto de esa burocratización. Hemos señalado que una de las dificultades centrales de realizar esta tesis es lograr "desenredar" la maraña de testimonios, reiteraciones inerciales y construcciones ideológicas asociadas a la narrativa de la epopeya comunista costarricense. Los testimonios de Cerdas dan un punto de fuga para poder entender más plenamente los núcleos de sentido principales y a partir de allí los puntos de apoyo principales para poder lanzar hipótesis estratégicas de como reconstruir un izquierda obrera y socialista o un "partido de clase" que es como lo designa Cerdas (1993, 61).

2) El otro punto central es como Cerdas encara el problema de las elecciones y los posibles candidatos a diputados. Dentro del conjunto de narraciones sobre Manuel Mora Valverde y su práctica política, un elemento que fácilmente se puede detectar como uno de los talentos que se le atribuye y reconoce de manera unánime es su talento como orador, como polemista y como parlamentario. Cerdas se refiere a la llegada y la carrera parlamentaria de Manuel Mora como "labor brillante" (1993, 73) se pueden recolectar muchos testimonios en el mismo sentido.

Hay un acuerdo transversal que la decisión de sólo utilizar candidatos obreros, que fue el criterio del PC CR hasta 1934 y fue la tesis defendida originalmente por Manuel Mora y Carmen Lyra, fue un error y que la demostración de que fue un error es justamente el talento parlamentario de Manuel Mora y la importancia que tuvo su labor parlamentaria en "los años del fuego", así como en el regreso a la legalidad del PVP. A esto se suma que la familia Mora Valverde, es la familia de izquierda que ha tenido más representantes parlamentarios: Manuel Mora Valverde, Eduardo Mora Valverde, José Merino del Río y Patricia Mora Castellanos, casi siempre que la izquierda ha tenido representación parlamentaria ha sido un Mora quien lo ha llevado adelante y las narrativas de tirios y troyanos aceptan su talento en esa labor.

Este punto es interesante porque es uno de los menos tematizados del balance de la izquierda política costarricense, parte por el corto tiempo que duró este criterio, parte por el talento de Manuel Mora, parte por los éxitos prácticos asociados a la labor parlamentaria. Luego al hecho notable que en la práctica de la Nueva Izquierda se instaló la relación que el secretario general de la organización, debía ser también el "primer lugar" a diputado nacional. Así las principales figuras de la nueva izquierda fueron secretarios generales y también diputados nacionales.

Pero el dato que no se tematiza y no se rediscute es que esta tradición y esta práctica política es contraria y es adversa a la tradición del marxismo clásico. Ni Marx, ni Engels, ni Kautsky, ni Lenin fueron nunca parlamentarios y no se estilaba que los dirigentes teórico-políticos fueran los dirigentes parlamentarios. Los parlamentarios más reconocidos del marxismo clásico fueron Jean Jaurès en Francia y Auguste Bebel en Alemania. Los parlamentarios bolcheviques son escasamente recordados: Poletaev, Malinovsky, Petrovsky, Muránov y Badaev, son nombres que poco le dicen a los actuales militantes de la izquierda política.

Desde casi el surgimiento mismo del marxismo clásico el criterio era la elección y promoción de candidatos obreros, por ejemplo en marzo de 1850 en el texto de Marx y Engels, Mensaje del Comité Central a la Liga de los Comunistas señala:

"el proletariado deberá vigilar para: 1) Que ningún núcleo obrero sea privado del derecho de voto bajo ningún pretexto o truco de las autoridades locales o de los comisarios del gobierno; 2) Que al lado de los candidatos burgueses democráticos disputen en todas partes los candidatos obreros elegidos, en la medida de lo posible, entre los miembros de la Liga... Inclusive en donde no exista ninguna esperanza de triunfo los obreros deben presentar candidatos propios para conservar la independencia" (Marx y Engels, 1974, 186).

La experiencia de la revolución rusa y la codificación de la experiencia bolchevique en la Tercera Internacional, no modificará este criterio marxista, más bien lo reforzará:

"Los partidos comunistas deben renunciar al viejo hábito socialdemócrata de hacer elegir exclusivamente a parlamentarios "experimentados" y sobre todo a abogados. En general, los candidatos serán elegidos entre los obreros. No debe temerse la designación de simples miembros del partido sin gran experiencia parlamentaria. Los partidos comunistas deben rechazar con implacable desprecio a los arribistas que se acercan a ellos con el único objetivo de entrar en el parlamento. Los comités centrales sólo deben aprobar las candidaturas de hombres que durante largos años hayan dado pruebas indiscutibles de su abnegación por la clase obrera." (VVAA, 2017, 96).

De allí que cuando Cerdas señala a propósito de la elección e irrupción de Adolfo Braña en las sesiones del Consejo Municipal que: "Para mí, Braña encarnaba el obrero que yo adivinaba en las obras de Marx: digno valiente y orgulloso. Su forma de hablar, y sus gestos espectaculares, eran una especie de símbolo de la llegada de los obreros a los organismos del

Estado, donde habían estado ausentes" (1993, 65). No sólo estaba teniendo una intuición política correcta, sino que esta experiencia alrededor de la candidatura de Braña seria tal vez el único testimonio de un uso leninista, bolchevique de la experiencia parlamentaria. Aunque esta experiencia no hubiese sido producto de la meditación y comprensión teórica, o estuviera engarzada a una estrategia, como en el modelo leninista, sino que era producto de un cierto empirismo y pragmatismo que el mismo Cerdas reconoce: "nosotros no teníamos preocupaciones teóricas, ni universalistas, sencillamente hacíamos nuestro trabajo" (1993,119), pero este empirismo y pragmatismo brotaba de la "inmersión en la clase obrera".

El pragmatismo, que es característico de la izquierda política costarricense tanto en la primera como en la segunda ola, luego será el punto ciego para que Cerdas comprenda el significado de su propia práctica, por ejemplo, mantendrá la narrativa oficial de los comunistas sobre lo ocurrido en los años cuarenta y sostendrá que esa práctica política los emparentaría con el eurocomunismo. Al final, Cerdas Mora, terminaría siendo complementario a la narrativa de Merino y de la mayoría comunista de la izquierda costarricense.

3) El otro punto problemático del testimonio de Cerdas Mora es su relación con los extranjeros y con el trotskismo (en esto es igual a al resto de vanguardistas), Cerdas Mora unifica su hostilidad hacia el trotskismo y hacia los extranjeros en la figura de Rómulo Betancourt, quien abiertamente desprecia. En esta construcción ideológica extremismo y extranjería se unifican. Betancourt, extranjero e incapaz de comprender las características nacionales, impulso al PC CR a enfrentamientos y radicalismo excesivos, producto de su radicalismo verbal, de su forma agresiva de escritura.

Cerdas Mora no problematiza los hechos, pues el "radicalismo verbal" y el "excesivo polemismo" que en su forma extrema serían "palabra hiriente", es una característica que se le ha atribuido también a Carmen Lyra, característica que se mantendrá hasta la muerte de la autora y que le valdría ganar el título de "la voz del odio" entre los opositores al gobierno caldero-comunista. El encono del figuerismo triunfante hacia Lyra, parece estar asociado a este hecho. Pero Cerdas Mora, no ve en esta característica polémica algo reprochable en Lyra, el único reproche que se encuentra en su texto es uno relacionado a la vida relativamente acomodada de Lyra, "una pequeñoburguesada" (19993, 73), dice Cerdas. Por otro lado, extranjeros como el español Braña o el nicaragüense Adán Cerdas, son recordados con cariño y admiración.

La idea posterior en su vida, inducida por la lectura de su hijo Rodolfo Cerdas Cruz, sobre un marxismo "con sello nacional" afianzó en Cerdas Mora la idea que el trotskismo era una corriente extremista y extranjerizante, Cerdas Mora moldeo ideológicamente en sus recuerdos sobre Rómulo Betancourt estos prejuicios. Irónicamente la reflexión trotskista hubiera sido de gran utilidad para las meditaciones de Cerdas Mora, en la medida que la obra de Trotsky tiene como uno de sus ejes las explicaciones sociohistóricas de los procesos de burocratización de las organizaciones obreras y revolucionarias.

4) Uno de los señalamientos que realiza Tonny Cliff en su texto *Lenin: la construcción del Partido* (2010), es que el bolchevismo como corriente siempre militó y sacó sus fuerzas y sus recursos de las principales fábricas y barrios obreros. Es decir, era un partido obrero, por su programa, por su composición y por la fuerza social que movilizaba. Nuevamente en el texto de Cerdas, vemos experiencias que apuntarían a ver como el PC CR ejecutaba "empírica y ciegamente" una especie de leninismo tropical. Dos testimonios:

"Cuando se desencadeno la guerra civil en España en 1936, nosotros organizamos una fuerte campaña de solidaridad, que no se mantuvo simplemente a nivel moral, sino que significó envíos de café y ropa a España. Hay una anécdota muy conmovedora de esa época, que a veces recuerdo. Una señora muy consciente pero analfabeta, que se llamaba Rosa García, oyó a Carmen Lyra decir líricamente que habría que quitarse todos los días un pedacito de pan de la boca para dárselo a los niños españoles. Cuando se hizo la recolecta se presentó ella con un saco lleno de rueditas de pan que había cortado cada día. Mucha gente se rió de su ignorancia, pero nosotros nos sentíamos muy conmovidos por el gesto de esa mujer del pueblo. Había fe y había pasta" (1993, 73)[3].

La otra anécdota es sobre la ida de Cerdas hacia el Atlántico para preparar huelga de 1934, señala:

"me fui para Limón. El Partido se comprometió a pagar el alquiler de la casa, y a darle semanalmente unos quince colones a mi esposa para la manutención suya y de mi hijo. Jamás cumplieron con lo prometido. La solidaridad vino de un trabajador llamado el "Cholo" Solano. Ganaba cinco pesos a la semana y religiosamente pasaba a mi casa y dejaba la mitad. La otra mitad se la tomaba en tragos, después de lo cual se iba por media calle lanzando vivas a todo pulmón para Manuel, Luis, Fallas y yo" (1993, 82).

Las dos anécdotas, aunque puntuales son extraordinariamente expresivas sobre donde residía la fuerza política y las reservas morales del partido comunista, pero sobre todo en que sector social se apoyaba en los momentos políticos más duros. La imagen

---

[3] La memoria de Jaime Cerdas, puede ser confirmada en el artículo de Carmen Lyra "La compañera Rosa García", publicado en Trabajo N°324 del 21 de enero de 1939. En realidad, el discurso no fue de Carmen Lyra, sino de Manuel Mora, Carmen Lyra fue quién escribió el texto que recuerda Jaime Cerdas. La campaña política consistía en recoger dinero para enviar a España, pero también para sacar de España y traer a Costa Rica a los hijos pequeños de Adolfo Braña. Efectivamente la referencia a guardar un bollo de pan por los niños de España fue una metáfora que uso Mora Valverde que Rosa García tomó literalmente.

de una analfabeta guardando pedazos de pan para que triunfará la República Española o de un obrero manual dispuesto a entregar la mitad de su salario para que el dirigente de su partido fuera a realizar una actividad improbable a Limón, muestra el valor de la idea comunista. Estos dos hechos fortuitos una analfabeta costarricense guardando rodajas de pan y un trabajador que da vivas alcoholizado, están conectados a través de una institución: el Partido Comunista, con la dirección en la que se movía la Historia y era esta comprensión lo que le daba sentido, a los hechos conmovedores e ingenuos de Rosa García y el "Cholo" Solano.

5) Finalmente un asunto que también es un punto ciego en Cerdas Mora, la conclusión final de su testimonio es la adscripción al comunismo "a la tica" y a la tesis de que el PC CR es una anticipación del eurocomunismo. Ahora esa lectura impide buscar otro significado posible de la "democracia" en la historia de las ideas políticas. Es particularmente importante para ello la lectura de Cerdas sobre la Huelga de 1934.

El testimonio de Cerdas permite equilibrar la "historia oficial" comunista en el sentido de sobredimensionar el papel de Mora o Ferreto, por conveniencias hagiográficas faccionalistas, cuando en realidad la huelga fue el producto de un movimiento social que venía madurando desde hace décadas y que estaba lista para el estallido social, que involucró un sin número de fuerzas sociales articuladas y enfrentadas de manera desigual, pero sobre todo fue un esfuerzo de una dirección política colectiva y un "parto" de la clase obrera centroamericana (Cerdas destaca la presencia de trabajadores de todos los países centroamericanos).

Pero en su diagnóstico de la huelga Cerdas señala dos aspectos: "Las condiciones estaban maduras para un estallido brutal o para la huelga. Nosotros logramos que fuera una acción organizada, racional y por qué no, heroica, que a la larga fortaleció la democracia costarricense" (1993, 91).

En otro pasaje cuando Cerdas narra, como la fuerza y la intriga de la Unidad logró revertir una votación durante el tercer debate en el parlamento de las leyes para proteger a los trabajadores bananeros, Cerdas Mora hace la siguiente reflexión. "la victoria no estaba allí. Había que ir al bananal, sacarla de allí, traerla y convertirla en organización sindical, legislación social y democratización política" (93).

Estas afirmaciones nos permitirían leer la historia nacional en otra clave, alejada del "excepcionalismo nacional", nos permitiría leer la democracia y la ciudadanía no como valores metafísicos de un ser nacional o como un "estado de conciencia" que es la lectura que propondrá Manuel Mora posteriormente.

Podríamos así intentar "criollizar" una tesis de Álvaro García Liniera sobre los sindicatos bolivianos, la cual afirma que: "el sindicato será la forma legítima del acceso a los derechos públicos, con lo que la nación del Estado, la hegemonía estatal y sus preceptos homogeneizadores se expandirán, a través de los sindicatos, en los enormes tumultos de emigrantes del agro que marchan a las ciudades y fábricas" (2009, 361).

Es decir que pese a la derrota de la huelga de 1934 y la desaparición del sindicalismo en la Zona Atlántica hasta la posguerra. La fuerza de esta movilización obrera implicó de forma negativa, por el miedo de clase que produjo, una extensión de la democratización política que implicó el reconocimiento de una partido de clase y de las organizaciones sindicales como interlocutoras legítimas del Estado, obligó a pensar y diseñar una legislación social de contención y finalmente estableció una relación en los sectores populares que asocia democracia política con participación sindical, es decir, que la forma en que se ejerce la ciudadanía efectiva es a través de la movilización sindical. Si esta hipótesis es plausible arrojaría otra luz a la razón por la cual las clases dominantes y las élites intelectuales costarricenses han puesto tanto énfasis a que el sentido verdadero de la democracia y la excepcionalidad costarricenses esta asociada a la eficacia y la "pureza" de los mecanismos electorales de la democracia procedimental. Así tendríamos dos narrativas y no sólo una sobre el sentido de "lo democrático" en la vida política nacional.

Este apunte largo sobre el sentido de las memorias de Cerdas, tenía el objetivo de usarlo como extenso contrapunteo en relación con la experiencia del marxismo de la segunda ola y eventualmente de la actual izquierda política. Queríamos pues llamar extensamente la atención de un fenómeno, sobre el que se ha meditado poco. Un fenómeno que lleva en el terreno de las ficciones literarias/estéticas a que se desvanezca a que desaparezcan personajes literarios como Paragüitas de *Puerto Limón (1950)* y Sibajita o Calero de *Mamita Yunai (1941)*[4] y que entren en primer lugar personajes como Gonzalo y Lucía de *Te llevare en mis ojos (2007)* o Martín Amador de *Cruz de Olvido (1999)*.

Entre las novelas sociales de primera época y las novelas sociales de segunda época, la diferencia no es el grado de decepción o de adaptación del personaje central. Lo determinante, es que el movimiento obrero no aparece. Algo ha cambiado.

La revolución cubana y la revolución sandinista, aunque pueden aportar una dimensión en la radicalidad retórica y táctica a la izquierda política costarricense, inclusive una cierta modernización cultural, probablemente radicalizan un problema no resuelto.

---

[4] De quien Pablo Neruda escribió en el Canto General "Calero, trabajador del banano (Costa Rica, 1940) No te conozco. En las páginas de Fallas leí tu vida, gigante oscuro, niño golpeado, harapiento y errante. De aquellas páginas vuelan tu risa y las canciones entre los bananeros, en el barro sombrío, la lluvia y el sudor. Qué vida la de los nuestros, qué alegrías segadas, qué fuerzas destruidas por la comida innoble, qué cantos derribados por la vivienda rota, ¡qué poderes del hombre deshechos por el hombre!" (Neruda, 2005, 310).

El partido comunista es una organización obrera con una matriz teórica estalinista y una estrategia/ideología llamada comunismo "a la tica", la nueva izquierda en sus distintas versiones no va a ser organizaciones obreras, serán organizaciones asentadas entre estudiantes, empleados públicos, campesino o pobladores urbanos. Pero no entre obreros. Pero, además, su matriz teórica, aunque diferente del estalinismo clásico, sigue siendo una lateral del estalinismo, mejor dicho, el modelo teórico del estalinismo es tan dominante, que inclusive sus competidores maoístas y guevaristas serán variantes y colaterales del estalinismo. Esta crítica también podría ser extendida al trotskismo, la corriente que en principio seria la principal alternativa teórica al estalinismo, pero que nunca pudo mostrarse como una alternativa real en el mundo de la clase obrera.

Ignacio Dobles y Vilma Leandro, siguiendo a Araya y al mismo Cerdas (1993,72) ven como positivo el abandono del mundo obrero, lo considera una desviación (el "obrerismo") cuya característica central sería menospreciar el potencial revolucionario de otros sectores sociales (2005, 69-71) y ser "dirigista" (2005, 113) es decir vertical y de tratar burocráticamente al movimiento sindical y popular.

Dobles y Leandro ven en el "obrerismo" el corazón de la metafísica estalinista "el problema es que el relato de Cerdas evoca aquellas estatuas soviéticas del proletario firme, recio, con la mirada puesta en el futuro, confirmando un ideal de "pureza" que sólo se encontraba en casos excepcionales" (2005, 70).

Así Dobles y Leandro, lanzan "el niño, con el agua sucia". Es correcta la crítica a la metafísica y la ideologización del realismo socialista, también es cierta la cultura burocrática que el estalinismo introdujo en el movimiento obrero. No obstante, Dobles desprecia dos elementos que Cerdas introduce y que como hemos dicho son de gran actualidad política:

el problema del carácter obrero y antiburocrático que tenía la dirección original del PC CR y la fuerza política y moral emanada de una organización política basada en quienes no tiene nada que perder más que sus cadenas (Marx y Engels, 1974, 141). Este elemento visto a la luz del balance de la experiencia de la segunda ola del marxismo, no puede ser considera más que como una virtud, no como un defecto.

Dobles y Leandro ven en este "obrerismo" una metafísica. Manuel Solís (2006,111) destaca como este obrerismo podía coincidir con el sostenimiento de las dimensiones menos nobles y más obtusas de las costumbres plebeyas, el testimonio de Cerdas, confirma la vivencia de esas dimensiones y agrega otras como los juegos de azar[5] o los duelos a pistolas, como hemos señalado el mismo Cerdas ve retrospectivamente este obrerismo como un sectarismo un poco absurdo (como no dejar entrar al local del Partido a gente con corbata) (1993, 66).

La objeción de Dobles y Leandro, nos parece una especie de sentido común compartido de la izquierda pos Muro de Berlín en el sentido que la sustitución teórica de la clase obrera somo sujeto social de la revolución, por un sujeto político basado en el traslape y la coordinación de un conjunto de movimientos sociales articulados por demandas identitarias o de acceso es un movimiento progresivo y liberador de las energías políticas populares, me parece que es rebatible por el lado de la teoría[6], pero sobre todo por el lado de la práctica política pues es evidente y reconocido que la segunda ola del marxismo no llegó a tener la influencia política del PC CR en los años cuarenta.

[5] También en Memorias Rojas de Álvaro Rojas, la presencia del juego de azar y la cultura del tahúr es notable, pese a que Álvaro Rojas corresponde a una generación posterior.

[6] Ver especialmente el artículo de Juan Chingo y Julio Sorel ¿"Crisis del trabajo" o crisis del capitalismo? En la Revista Estrategia Internacional Ni 11/12 (1998) y la colección de artículos de Eduardo Almeida Neto Sobre el proletariado y el sujeto social de la revolución parecido en el N°9 de la Revista Marxismo Vivo (2017).

La objeción de Solís Avendaño, es más matizable en el sentido de la coexistencia e idealización de las prácticas plebeyas como parte de la cultura obrera, teniendo por ejemplo el machismo cultural una de las objeciones centrales. Sin duda los dirigentes del PC CR harán parte de la cultura machista latinoamericana, que mantuvo la izquierda de los años treinta y de los sesenta[7]. Pero la interpretación de Solís, nos parece que es un poco unilateral al no tomar en cuenta que la inmersión en los sectores populares le permitía a través de la experiencia política y de lucha una intervención para modificar las costumbres plebeyas como el alcoholismo, la falta de aseo o la falta de disciplina. Estos males sociales fueron siempre intentados de combatir, por los liberales y los intelectuales radicales de los años veinte, por la vía de la filantropía o de las instituciones sociales del Estado, es decir, a través de la filantropía o de la filantropía estatalmente organizada.

Cerdas nos ofrece algunos ejemplos que nos permitirían pensar otra política, Cerdas narra como al inicio de la huelga de 1934, Fallas hizo jurar a los obreros de no tomar una gota de alcohol durante la huelga, la descripción de Braña es la de un obrero limpio, disciplinado y orgullosos de sí mismo y su historia. Es decir, aunque efectivamente podríamos ver ejemplos de naturalización de costumbres groseras, también hay

7 En la biografía de Jon Lee Anderson sobre Guevara, se lee la siguiente caracterización de Guevara y Castro: "A pesar de tantas diferencias, los dos hombres poseían algunos rasgos comunes. Ambos eran hijos sumamente mimados de familias grandes; descuidados en su aspecto personal y sexualmente voraces, pero subordinaban sus relaciones a las metas que se imponían. Ambos estaban imbuidos del machismo latino: la creencia en la debilidad innata de las mujeres, el desprecio por los homosexuales y la admiración por los hombres valientes y arrojados. Poseían una voluntad de hierro y un sentido exagerado de la propia misión en la vida. Y, por último, los dos querían hacer revoluciones. Cuando se conocieron, cada uno había intentado vanamente participar en los sucesos históricos de su época y reconocían el mismo enemigo:Estados Unidos" (2006, 177).

contra ejemplos de intervención política para modificar las costumbres aprendidas en "los bajos fondos", en ese sentido principios de un "revolución cultural". La presencia de costumbres indeseables aprendidas por la miseria, es una característica que no desaparece de manera veloz; para el año 1923, es decir siete años después que los bolcheviques conquistaran el poder, Trotsky (1977b) veía como una de las labores fundamentales del Estado soviético luchar contra estas costumbres plebeyas, como el desprecio por la autoimagen (especialmente por no lustrar los zapatos), el lenguaje soez y el consumo alcohólico. Además, es importante señalar que estos elementos de "revolución cultural" son sin duda superiores en cuanto a éxito social y autoestima política que la intervención filantrópica o el tutelaje cultural.

Pero retomando nuestro punto central de argumentación, lo que ya no se nota en la segunda generación del marxismo costarricense, es que lo determinante y en lo que era superior el Partido Comunista de primera época, no es en las tonterías sectarias o la rudeza de los modos plebeyos, sino en la irrupción política de la clase obrera, en la construcción de un partido obrero con objetivos anticapitalistas, con valores internacionalistas y socialistas, aunque todo esto fue forjado de manera empírica y pragmática, es decir, sin una teoría que iluminara, diera sentido y profundizara radicalmente esta práctica.

La referencia a Adolfo Braña y Adán "Gato" Cárdenas como ejemplos de obreros revolucionarios, son relevantes porque introducen un cortocircuito en la narrativa oficial estalinista criolla. Pues son obreros, son extranjeros, y por lo tanto una oposición testimonial al nacionalismo excepcionalista que implica la ideología /estrategia del comunismo "a la tica", son un signo del carácter internacionalista de la lucha obrera, pero también del carácter multinacional de la clase obrera, la clase:

"que no es una clase de la sociedad burguesa, de un estado social que es la desaparición de todos los estados sociales; de una esfera que obtiene de sus sufrimientos universales un carácter universal y no alega ningún derecho especial porque ella no padece una injusticia social, sino la injusticia en sí" (Marx, 1978, 138).

Por eso es tan equivocado cuando Dobles y Leandro señalan el carácter excepcional y episódico del movimiento obrero socialista. Esta afirmación de Dobles no sólo entra en contradicción con la historia mundial el movimiento obrero, de decenas de experiencias de militancia obrera, sino también de los testimonios de Álvaro Rojas (2012) y Álvaro Montero Vega (2013), donde se puede ver como todavía en los años cincuenta, sesenta y setenta la fuerza del PVP residía en elevar políticamente el proletariado agrícola en sujeto político, así sea con una estrategia equivocada como la del comunismo "a la tica".

La crisis del socialismo histórico y Manuel Mora

Antes de colocar el problema de la recepción de la crisis del socialismo histórico en el pensamiento de Manuel Mora Valverde, habría que realizar una reflexión de cómo analizar este fenómeno, a través de qué método se puede ingresar al problema.

En primer lugar, porque la crisis del socialismo histórico ha sido entendida y conceptualizada de varias maneras, por lo tanto, pueden significar al menos tres cosas distintas: 1) las sucesivas crisis en el sistema estalinista de dominación. 2) La reestructuración del poder soviético, conocidas como Perestroika y Glasnost. 3) Las revoluciones democráticas contra los sistemas de partido-Estado.

Estas distinciones analíticas, que tienen alcance teórico y estratégico, no siempre se realizan en el pensamiento de un determinado individuo o de una organización política, sobre todo en el campo de la izquierda política, generalmente se tiende a ver la re estructuración del sistema soviético y las revoluciones democráticas como el mismo proceso, lo cual a nuestro entender es analíticamente incorrecto.

El otro tema es que, aunque efectivamente el desplome de los sistemas de partidos-Estado en la URSS y el Este de Europa, no modificó las tendencias orgánicas del sistema-mundo, es decir el de ser una sociedad basada en la acumulación capitalista a través de la valorización abstracta del trabajo, sí significó un acontecimiento (Hounie [Badiou], 2010, 23) en el terreno de la política y las organizaciones de izquierda, modificó el mapa conceptual con el que se habían movido todas las fuerzas políticas en un siglo.

Podríamos decir que los sucesos de 1989-1991, como momento simbólico del desplome de los partidos-Estado, lo que hacen es profundizar, acelerar y poner a la luz crisis y procesos que ya venían de antes en la izquierda latinoamericana y costarricense.

Por un lado, radicalizó la crisis del estalinismo, como sistema de dominación, pero muy especialmente empezó a poner en crisis los modelos teóricos, prácticos y orgánicos que se derivaban localmente de los modelos estalinistas de dominación. Muy especialmente el modelo de partido "único" y partido "monolítico de la clase obrera", junto con las ideologías que justificaban esta práctica política.

La crisis del socialismo histórico radicalizó la crisis ya existente en la izquierda latinoamericana y costarricense, pues esta crisis no se produjo en el vacío y sin adversarios, sino que se produjo en medio de una orgía ideológica motorizada por las empresas de comunicación occidentales.[1] Esta ofen-

---

[1] Viéndolo a la distancia es hoy bastante patente que la euforia con que el desplome del estalinismo fue recibido por los ideólogos del capital y los medios occidentales no guardaba proporción con la capacidad del sistema capitalista para resolver los desafíos planteados por el resurgimiento del nacionalismo, las migraciones masivas, la crisis ambiental, la caída tendencial de la tasa de ganancia y sus sucesivas crisis económicas. Un ejemplo luminoso de ello es el cambio de opinión de Francis Fukuyama, quien en octubre de 2018 aseguró a New Statesman: "En materia de igualdad social, [las políticas impulsadas por] la "revolución conservadora" de Thatcher y Reagan ha conducido a un debilitamiento de los sindicatos, del poder de negociación de los trabajadores de a pie, al surgimiento de una clase oligárquica en casi todas partes que ejerce entonces un poder político indebido. En cuanto al papel de las finanzas, si hay algo que hemos aprendido de la crisis financiera es que hay que regular el sector como el demonio porque harán que todos los demás paguen. Toda

siva ideológica no produjo la crisis de la izquierda que como decíamos venía de antes, pero si la alentó y complejizó.

La crisis fue además una crisis teórica significativa, pues uno de los efectos duraderos del estalinismo es que mutiló la simbiosis entre la elaboración de la teoría socialista y la vanguardia obrera, ya los últimos trabajos de Trotsky, que son los últimos desarrollos importantes del marxismo clásico, se desarrollan un poco "en el vacío" es decir sin contar con la sustentación de una vanguardia obrera adherida a la Cuarta Internacional. Es la diferencia que existe entre una hipótesis teórica y una confirmación por la negativa y una demostración práctica y positiva.

El marxismo occidental aún mantuvo el desarrollo y la novedad de determinados aspectos del marxismo, pero lo hizo localizando sus preocupaciones en otras esferas, que no eran las fuertes del marxismo clásico es decir la política y la economía.

Los desarrollos del marxismo occidental fueron relevantes en zonas como la estética, la lógica, la filosofía, la crítica cultural o los desarrollos históricos. Otra diferencia fundamental, diferencia que también significa una dificultad, es que el marxismo occidental tuvo como interlocutor primordial y privilegiado, no las organizaciones obreras y populares, sino la cultura universitaria de masas surgida con el capitalismo tardío de posguerra.

Finalmente, la crisis fue también una crisis política producto del cambio de orientaciones del personal político dominante de los Estados capitalistas centrales. La orientación

---

esa ideología se arraigó muy profundamente en la Eurozona, la austeridad que Alemania impuso al sur de Europa ha sido desastrosa. (...) "En este momento, me parece que ciertas cosas que dijo Karl Marx están resultando ser ciertas. Habló de la crisis de sobreproducción.... que los trabajadores se empobrecerían y la demanda sería insuficiente" (Woods, 2018).

política expresada en los acuerdos de Helsinki[2] y la política de promoción de los derechos humanos de la administración Carter[3], aceleró y profundizó lo que podríamos llamar la crisis política asociada a la "cuestión democrática", es decir el debate político asociado al lugar que ocupan la democracia procedimental (burguesa), el "Estado de Derecho", la "sociedad civil" y los valores liberales en general dentro de la estrategia de la izquierda política. Estamos en presencia de un sistemático abandono de la defensa de la Dictadura del Proletariado como concepto estratégico y la asunción de la "democracia procedimental" como un valor central, junto con la aceptación de la "democracia", venía incluido la aceptación del mercado capitalista como única forma de organizar la producción de la vida social.

Esta crisis política tiene una larga duración pues podemos encontrar ese debate instalado en las discusiones de la izquierda política a partir del proceso chileno sobre la vía pacífica o institucional al socialismo (Gallardo, 1979, 27-55), (Alexandre, 1973), un segundo jalón a partir del debate eurocomunista en 1977-1979 (Carrillo, 1977), (Claudiín; 1977), (Mandel,

---

[2] Daniel Gaido señala cómo la izquierda política inclusive la de origen trotskista se adaptó "a la cruzada de los "derechos humanos" iniciada por el imperialismo tras la firma de los Acuerdos de Helsinki en 1975, que proporcionó la cortina de humo ideológica para la restauración del capitalismo en Europa del Este. Al amparo de la defensa de los derechos humanos, de la creación de una "sociedad civil" para proteger a los ciudadanos de los estados totalitarios y de la instauración de regímenes parlamentarios democráticos, lo que realmente ocurrió en Europa del Este fue una restauración de la propiedad privada y de la esclavitud asalariada, que era lo único que realmente le importaba a la burguesía" (Gaido, 2022, 44).

3 "el Plan Carter es la política del imperialismo al servicio de la restauración [capitalista]. Su plan económico, político y militar se asienta en la demagógica campaña por los derechos humanos (...). Esa propaganda democratista del imperialismo se asienta en el justo movimiento democrático que se está dando en los estados obreros, como consecuencia del carácter totalitario y reaccionario de sus actuales gobiernos" (Moreno, 1979, 88).

1978), (Greco, 1978), un tercer jalón poco después del derrumbe de la URSS (Petras, 1990) y otro más en el tránsito de siglo (Herrera, 2017).

Esta crisis política como hemos señalado en otra parte (Herrera, 2017) se vio cada vez más profundizado a partir de la crisis 1989-1991.

El debate sobre la "cuestión democrática" ya está presente en el comunismo costarricense en los años treinta y fue reactualizado en los ochenta a partir del proceso de desradicalización de la nueva izquierda y del debate fraccional llevado adelante por los grupos Ferreto y Mora.

Queremos señalar que, aunque es de suma importancia la localización general del significado del desplome de los partidos Estado en el marco general de la crisis del estalinismo y de la izquierda política, también es necesario señalar que las izquierdas son plurales y están enmarcadas y determinadas parcialmente por las distintas tradiciones nacionales e institucionales, estas tradiciones y prácticas les permitieron llevar la crisis mejor o peor.

Para señalar algunos ejemplos el desplome de la URSS, no significó la pérdida del poder político, ni del monolitismo del Partido Comunista cubano y del Partido Comunista chino, pero si significó una profundización de la vía capitalista que ya el PCCh había emprendido desde las Cuatro Modernizaciones y para el PCC significó las políticas de "período especial" que con menos transparencia que las Cuatro Modernizaciones chinas, restituyó progresivamente el papel de la empresa privada en la isla.

Igual que en Centroamérica, la crisis de la URSS significó el fortalecimiento de las políticas que dentro de las organizaciones guerrilleras defendían la necesidad de firmar los Acuerdos de Paz. Es decir, la estrategia de transformarse en partidos políticos parlamentarios, cosa que efectivamente ocurrió.

Otras organizaciones, aunque buscaban transformarse en partido político parlamentario, se les impidió sobre la base de los ataques paramilitares, la FARC-EP sería el ejemplo típico, otras organizaciones decidieron disolverse (como el trotskismo chileno o el Partido Socialista costarricense) y otras (sobre todo organizaciones de tipo político militar) fueron cuasi desaparecidas por la presión militar (como las guerrillas peruanas MRTA y Sendero Luminoso).

Por lo tanto, cada organización de izquierda le sorprendió la crisis del socialismo histórico en distintos lugares y momentos de su propia historia práctica y esa localización les sirvió para asimilar mejor la crisis o bien significó la destrucción sin más de la propia organización.

En el caso de Manuel Mora Valverde y el Partido del Pueblo costarricense la crisis del socialismo histórico los sorprende bajo el siguiente cuadro histórico-social:

1. Recibiendo el impacto de la crisis económica capitalista de los años 1973-1974 y 1979 (Rovira, 1989, 57-133).

2. En el caso específico de Costa Rica, la crisis de 1980-1982 significó una de las crisis más profundas que se registran en la segunda parte del siglo XX. Los científicos sociales convencionales le llamaron a esta crisis una "crisis en el estilo de desarrollo". Es decir estamos en un momento donde la específica articulación de fuerzas políticas internacionales, grupos económicos dominantes internacional y localmente y fuerzas sociales burguesas y pequeño burguesas deciden impulsar una reconversión de largo alcance del aparato productivo y de las relaciones entre las clases, en esta reconversión jugaron un papel central los representantes políticos y técnicos de las agencias del imperialismo como la AID o el FMI, los grupos empresariales locales y a la elite política nacional, muy especialmente a su fuerza hegemónica el PLN. Aunque sin duda

uno de los elementos de este plan era cambiar la correlación de fuerzas con el movimiento popular, el resultado final de como resultó la estructura productiva capitalista no se materializó conforme a un plan, sino a través de la creación de nichos productivos, de negocios sobre la base de oportunidad de hacer dinero fácil con la protección del Estado y casi sin regulaciones, estos cambios son hoy fácilmente distinguibles: reaparición y fortalecimiento de la banca privada, fortalecimiento empresarial y del modelo de exportación de mercancías, promoción de nuevas formas de explotación capitalista de la tierra a través de latifundios capitalistas, promoción del turismo de alta intensidad, disciplina fiscal, monetarismo, etc.

3. Crisis general de la izquierda motorizada por las dificultades políticas producidas desde el triunfo de la revolución sandinista y la profundización de la guerra civil en El Salvador y Guatemala, lo cual significó que Centroamérica se transformara en uno de los "puntos calientes" donde se desarrollaba el último período de la "Guerra Fría". Esta crisis general de la izquierda ocurrió sobre todo como división aún hoy no muy esclarecidas en su significado político real. La división del PVP en dos organizaciones es la parte final de este proceso de crisis (Solís, 1985), (Vega, 1984, 4-18).

¿Cómo fue recibida la crisis del socialismo histórico en el pensamiento de Manuel Mora Valverde?

Un dato curioso es que hay relativamente pocas menciones directas de Manuel Mora Valverde sobre la crisis del socialismo histórico. En las memorias de Addy Salas la afirmación es categórica: *"El desmoronamiento de la URSS nos tomó de sorpresa"* (1998, 367). El desplome del proyecto societal que la pareja de esposos defendió por décadas como modélico, se desplomaba sin advertencia. Llama poderosamente la atención que en las memorias de Addy Salas, este hecho epocal, que cambia la configuración de la izquierda política mundial, lo que moviliza son los recuerdos familiares y de viajes: "Leyendo los cables (…) iba yo recordando los lugares que conocí, ante todo Moscú. (…) Disfrutaba viendo como Isabel -nuestra hija- y Manuel (padre) en medio del un crudo invierno, se comían golosamente sendos helados de barquillo en el parque Gogol" (1998, 267).

La memoria político-social desaparece y aparece en primer plano recuerdos cursis y superficiales. Esclarecer lo que pasó en la URSS, no parece tener importancia central en la narración de Addy Salas. Este hecho sintomático, llama la atención de cualquiera que haya estudiado la crisis del socialismo histórico.

La actitud intimista de Salas, no quiere decir que no exista una elaboración al respecto de la crisis del socialismo histórico, lo que parece esclarecerse en nuestra investigación es que de parte de Mora Valverde hubo una respuesta orgánica y política a la crisis. Cuando decimos que hubo una respuesta orgánica, queremos decir que Manuel Mora Valverde quiso que se diera una respuesta como partido, como organismo.

Así que, para terminar de precisar su posición sobre la crisis del socialismo histórico, hay que entender que en realidad deberíamos decir que es la respuesta del Partido del Pueblo Costarricense sobre la crisis del socialismo histórico, partido que él dirigió y animó hasta el final de su vida, aunque ya no estuviera en primera plana[4].

---

[4] Si bien la división del Partido Vanguardia Popular en el año 1984 es atribuida en algunas de las explicaciones a la disputa entre Humberto Vargas Carbonell y Manuel Mora Valverde por el control de la Secretaria General, el hecho es que ya para marzo de 1988 Manuel Mora Valverde había cedido voluntariamente y por iniciativa propia su lugar como Secretario General del Partido del Pueblo Costarricense a un dirigente muchísimo más joven e inexperimentado Lenin Chacón, en ese momento regidor municipal de San José, Mora Valverde le

En ese sentido llama la atención que la mayoría de respuestas y análisis sobre la crisis del socialismo histórico que produce el PPC, no son directamente escritas por Manuel Mora Valverde, aunque es obvia su colaboración y supervisión. La mayoría de respuestas y análisis son realizadas por su hermano Eduardo Mora Valverde o por intelectuales bastante más jóvenes que él, pero que se notaba que estaban siendo promovidos por el PPC, por ejemplo, Gerardo Contreras y Miguel Sobrado.

La razón por la que esto es así creo que podemos encontrarla razonablemente en tres motivos: El primero, una división funcional del trabajo típica del modelo de trabajo de los partidos comunistas de posguerra, donde pareciera que Manuel Mora era el encargado de la conducción política y la actividad parlamentaria, así como la representación "diplomática" del PVP en los grandes eventos estalinistas o en situaciones de emergencia como la negociación del secuestro del avión de Lacsa, además sus elaboraciones e intervenciones del período están más centradas en la Guerra en Centroamérica, que sin duda en el momento debería aparecer como el principal problema político a resolver. Eduardo Mora estaría encargado más de los análisis económicos, de hecho, la mayoría de los análisis económicos del PVP son de autoría de Eduardo Mora, así como trabajos de divulgación y propaganda más "teóricos" o "filosóficos", hemos señalado que el texto propedéutico, introductorio sobre el marxismo que usaba el PVP, era un texto de Eduardo Mora.

---

llevaba al menos 30 años de vida política a Chacón. Este hecho vuelve borrosa la interpretación de la división del PVP como un simple duelo de caudillos uno más nacional y otro más pro soviético, que es por ejemplo la interpretación de Jorge Rovira (1989, 132-135).

También es notable que, aunque la presencia de Manuel Mora Valverde era un elemento visible de la campaña electoral del año 1986, ya en los preparativos y discusiones de cara a las elecciones del año 1990, que empiezan a realizarse desde el año 1988, la presencia de Manuel Mora es bastante discreta.

El texto que reseñaremos *Porque la crisis del socialismo real* (1995), toda la primera parte tiene una larga introducción teórica y filosófica, muy en el estilo de otros textos de Eduardo Mora. Un asunto que llama la atención y que no se le ha atendido lo suficiente desde el punto de vista de la cultura política, es que la familia Mora, no sólo es una familia, sino que también era un equipo de trabajo y en un cierto sentido es una de las "dinastías políticas", que existen en la política local.

Además de Manuel Mora dirigiendo la política, Eduardo Mora encargado de la economía y la formación, los testimonios muestran que Addy Salas era la responsable de las finanzas y Manuel Mora Salas, el responsable del aparato de seguridad/militar. Es decir, el equipo de trabajo y elaboración de Manuel Mora era su propia familia, que a su vez era uno de los núcleos dirigente del PVP (Ver Excursus: "La Familia Mora").

El segundo motivo parece más pragmático, ya que quien va de delegado al XXVII Congreso del PCUS es justamente Eduardo Mora (1985,7) y Miguel Sobrado (2019) va al X Congreso del Partido Obrero Unificado de Polonia (POUP) donde también participa Mijaíl Gorbachov y explica las tesis de la Perestroika y la Glasnost. Este congreso será el penúltimo del POUP antes de transformase en un partido socialdemócrata en 1990. En el semanario Libertad, Sobrado mantendrá sus análisis sobre la crisis del socialismo real en Polonia y ayudará a divulgar el pensamiento de Adam Schaff. Dentro de los intelectuales vinculados al PPC y a los hermanos Mora, es de los que más medita sobre este tema, sus artículos no son recuperados sistemáticamente por Gallardo (1991), pero si por Herra (1991) en su polifónica antología, encontramos el texto de Sobrado y Vargas Cullel[5] como una de las voces a ser tomada

---

[5] Jorge Vargas Cullel, es hoy en día un referente de las ciencias sociales convencionales, es el director del Informe del Estado de la Nación, el cual probablemente debe ser el principal texto anual de las ciencias sociales convencionales en nuestro país, antes de él durante más de una década el

en cuenta para comprender la crisis del socialismo histórico.

Al igual que mucha de la izquierda comunista y no comunista, podemos ver que tanto los hermanos Mora, como los equipos de dirección del PVP y del PPC no intuían ni consideraban que el XXVII Congreso del PCUS y sus resoluciones iban a ser un hecho histórico, de trascendencia universal. En el N° 1122 del Semanario *Libertad*, correspondiente a la semana del 26 de abril al 2 de mayo de 1985, tiene un modesto anuncio titulado: "Gorbachov anuncia congreso del PCUS", el articulo anuncia que la intención del congreso es promocionar: "cambios sociales en la esfera del trabajo y de las condiciones materiales y espirituales de vida de la gente. Son la activación de todo el sistema de instituciones políticas y sociales, el ahondamiento de la democracia socialista y la autodirección del pueblo" (1985, 7). No parecían cambios dramáticos, de hecho, no hay reconocimiento de cambios dramáticos ni en el Semanario *Adelante*, ni en el Semanario *Libertad* hasta finales del año 1989.

El tercer motivo a ser tomado en cuenta es un aspecto de cultura institucional o cultural interna del PPC, da la sensación por el estudio de la prensa del PPC que se estaba promoviendo una nueva generación de dirigentes políticos. A la altura del año 1985 de la generación fundadora del PC CR quedaban vivos Jaime Cerdas y Manuel Mora, Cerdas ya no militaba en ninguna organización. Los hermanos Mora y Ar-

---

director del programa fue Miguel Gutierrez-Saxe, otro ex comunista, militante del PPC. Alrededor del PPC y pareciera en un cierto sentido protegidos por la aureola de la familia Mora, surgió un importante grupo de científicos sociales que no son reconocidos por sus logros en la lucha política popular, sino por sus aportes a las ciencias sociales académicas: Sobrado, Vargas Cullel, Gutiérrez Saxe, Ignacio Dobles, Ana María Botey, Gerardo Contreras, entre otros, la excepción será José Merino del Río, quien aunque dejó un importante aporte a las Ciencias Sociales con su tesis de Maestría sobre Manuel Mora, será desde el año 1998, la principal figura de la izquierda política del país, lugar que ocupará hasta su muerte en 2012.

noldo Ferreto, al dividir en dos alas el PVP, también dividen a lo que quedaba de la generación fundadora en dos partes. La generación más joven e inmediatamente posterior a la generación fundadora es la que estaría representada por Humberto Vargas Carbonell. Tanto para Jaime Cerdas (1993), como para Manuel Solís (1985) esta crisis puede ser entendida como un desplazamiento generacional.

Arnoldo Ferreto se alía con una generación 15 años más joven para desplazar a Manuel Mora. Manuel Mora responde promoviendo una generación aún más joven donde estarían su hijo Manuel Mora Salas, José Merino, yerno de su hermano y responsable del periódico y también personas como Miguel Sobrado y Lenin Chacón, es decir, una generación que venía del ascenso estudiantil de los setenta y que había desarrollado su actividad política y cultural alrededor de la vida universitaria.

Pareciera que esta promoción generacional tendría la intención de presentar una cierta sofisticación y elegancia cultural y filosófica, frente a la "rudeza" y el "dogmatismo" del bloque Ferreto-Vargas. También un gesto de "mano tendida" hacia otros sectores de la intelectualidad no comunista. Es muy interesante que, en el año 1988, el PPC decide que el Semanario *Libertad*, ya no será el órgano del Comité Central del partido ni el órgano del partido (que es la concepción tradicional de la prensa comunista).

Su intención explícita era transformar el carácter de su periódico, del órgano para orientar y "dar línea" a una especie de foro abierto a las voces de izquierda, del cual no se desprendía una orientación clara.

Para ser más precisos se mantenía una orientación política clara hacia la situación del país y hacia los sectores sociales, pero no en relación a la crisis del Este Europeo, allí había un debate abierto entre militantes y no militantes sobre qué significaba y cómo comprender las transformaciones en curso en la URSS y el Este de Europa. El PPC habría el debate a voces que en principio podían ser contradictorias, para poner un ejemplo, durante el año 1990 son frecuentes las contribuciones al debate sobre la crisis del socialismo histórico de Manuel Formoso, un intelectual que no estuvo vinculado al PVP, y su voz es puesta en el mismo nivel que la de José Merino o de Eduardo Mora, este último dirigente histórico del comunismo costarricense.

El impulso al Semanario *Libertad* como un foro abierto a las voces de la izquierda, es coherente con las tempranas objeciones al modelo Ferreto-Vargas acusado de rudeza y la aspereza en sus métodos, rudeza y aspereza que se extenderá a sus elaboraciones, comprensiones teóricas y posiciones políticas.

En una entrevista que le realiza el Semanario *Libertad* a José Merino del Río en ese momento miembro de la comisión política del PPC señala a propósito de la pregunta de si es posible la unidad con la fracción Ferreto-Vargas:

"Lo que ocurre es que unidad exige unas determinadas reglas de comportamiento y criterios compartidos para que realmente puedan fructificar. El grupo que encabeza Ferreto recurre con mucha facilidad al insulto, a las descalificaciones, parece que continúan cegados por la pasión y el hígado, y lógicamente así es imposible llegar a acuerdos" (Merino, 1985, 7).

Merino hereda de Mora Valverde su aversión por la introducción de la pasión a la política, Ferreto y Vargas serían "la política de la pasión" , como en el pasado fue el MRP y más atrás Miguel Ruiz y el calderonismo golpista.

Esta pasión "ruda" y "aspera" en realidad eran una reafirmación en toda la línea del dogmatismo estalinista; es equivocado presentar esta rudeza a un "aferrarse a los principios comunistas", ni podemos considerar por ello más progresivos o más "izquierdista" al grupo Ferreto-Vargas (que fue la interpretación de los trotskistas costarricenses). Analizando una polémica teórico-política de Arnoldo Ferreto contra el MRP, señala Manuel Solís: "Todo esto [los análisis de la propuesta estratégica presentada por Arnoldo Ferreto] remite a un conocimiento extremadamente burdo" (1985,17) (…) antes le había llamado a los razonamientos de Ferreto "demostración antojadiza" (1985,15). Así la arbitrariedad personal y el dogmatismo se corelacionaban con un análisis extremadamente pobre.

Llama poderosamente la atención que ni el PVP ni el PPC criticaran o se distanciaran de la Perestroika, ambos presentaron a Gorbachov como un dirigente revolucionario y las reformas como una profundización de la democracia socialista.

Para Eduardo Mora Valverde, Mijaíl Gorbachov estaba al frente de: "*un impetuoso proceso que estimula la democracia socialista*" (1985, 7). A la altura de setiembre de 1989, el Semanario *Libertad* reproduce una entrevista a Gorbachov realizada por la agencia TASS donde el dirigente soviético afirma: "La perestroika abrió el camino real para la renovación cualitativa de la sociedad soviética y la creación de un socialismo verdadero humanista y democrático" (Gorbachov, 1989, 8). En la misma edición Walter Farah asegura: "la Perestroika ha sido, ante todo, democracia y cuando al socialismo se le viste de ella, los caminos nunca más se vuelven a cerrar" (Farah, 1989, 8). Todavía en mayo de 1990, Gerardo Contreras, parte del novel equipo de intelectuales del PPC, asegura en un texto dedicado a la Perestroika que es "*una revolución en la revolución*" (1990, 11), emulando la frase con la que veinticinco años antes Regis Debray había conceptualizado al castrismo, Contreras aseguraba que: "existe una verdadera preocupación en los órganos del estado soviético por realmente democratizar su sociedad" (1990, 15).

En el caso del Partido Vanguardia Popular, Humberto Vargas Carbonell, en una muy publicitada gira a la Unión Soviética, en el marco del 70 aniversario de la Revolución de Octubre, afirmará que la Perestroika es:

"una nueva etapa en el desarrollo del socialismo. Y una nueva etapa profundamente revolucionaria" (…) "se trata de un cambio revolucionario, pero no significa el paso a un nuevo modo de producción, como se especula en algunas partes, y mucho menos del restablecimiento de las relaciones capitalistas de producción, sino del perfeccionamiento del socialismo" (1987, 8).

En el terreno de la política internacional ambos grupos no tenían diferencia alguna. Tampoco la tendrán en aceptar la restauración de las relaciones capitalistas de producción. Es decir en el debate estratégico central las dos alas del PVP tendrían acuerdo.

En 1995, Eduardo Mora Valverde señalará: "Hoy países socialistas como China y Cuba promueven esa inversión [inversiones de capital desde el exterior] en su período de transición" (1995, 53). Para Mora, la restauración en Cuba y China era una señal del abandono del viejo sectarismo.

La rigidez de la ortodoxia estalinista, que "exudaba" el grupo Ferreto-Vargas y que era lo más notable para la opinión pública acompañaba desde muy temprano el apoyo incondicional a las reformas procapitalistas de la burocracia soviética, es decir, del apoyo incondicional a las nuevas dictaduras capitalistas dirigidas por los partidos comunistas. Humberto Vargas Carbonell sostenía en 1989:

"El establecimiento de una economía de mercado en los países socialistas no conduce al capitalismo, como comúnmente se cree (…) el dirigente comunista expresó que la instauración de una economía de mercado no conduce al capitalismo, sino al contrario, es la forma que hoy encuentran los países socialistas para fortalecer y desarrollar la propiedad social" (1989, 12).

El cortocircuito entre las dos fracciones del comunismo local vendría alrededor de "la cuestión democrática", parte de los elementos ideológicos de la Perestroika era la defensa de un *proceso de democratización de la sociedad soviética en el plano civil y político*" (Contreras, 1990, 8) esto entraba en particular sintonía con la elaboración del PPC que entendía el socialismo como el resultado de una extensión sistemática de la democracia, pero la dificultad vino cuando se produjeron movilizaciones populares en contra el sistema de partido-Estado dirigido por el PCUS exigiendo democracia o autonomía nacional, tal como las que ocurrieron en Bakú, y demás provincias alógenas.

Sólo había dos opciones: o se apoyaba al PCUS en contra de las movilizaciones y por lo tanto se renunciaba al "aggiornamento" democrático, o se apoyaba las movilizaciones y se abandonaba la tradición comunista-estalinista, hacia otra dirección asumiendo las criticas venidas del liberalismo, del anarquismo o del trotskismo.

Arnoldo Ferreto será la voz que más se aferrará a la conclusión que preservar la tradición que representaban los partidos comunistas estalinistas suponía un rechazo a cualquier tipo de democratización social y política y por lo tanto la necesidad del uso de la fuerza militar para enfrentar las movilizaciones democráticas o nacionales. Ferreto señalará como "justa y necesaria" la intervención de las tropas soviéticas en Azerbaiyán y Armenia, así como fue justa y necesaria en su momento: "la intervención del Ejército de la China Popular para detener los desórdenes en la Plaza Tiananmen" (1990, 7) .

Aquí podemos ver en flor las contradicciones en las que, ya en nuestros días, tienen tanto el Partido Vanguardia Popular como el Frente Amplio cuando se producen movilizaciones populares en contra de los gobiernos de los partidos del Foro de Sao Paolo, como el PSUV y el FSLN[6]. En una versión ex-

6 Durante las movilizaciones populares contra la dictadura de Daniel Ortega, el PVP se puso del lado de la dictadura y ha justificado todas las represiones por

trema del "sustituismo", el carácter socialista de una sociedad quedaría establecido porque en el gobierno se encuentra un partido que se autodenomina "socialista". Hemos llegado hasta la última caricatura del proceso estalinista.

¿Cómo se responde en el Partido del Pueblo Costarricense a la crisis del socialismo histórico?

Siguiendo una metodología siempre presente en la forma de razonar y actuar políticamente de los hermanos Mora, su comportamiento político y su práctica tienen sentido y están justificadas si se deduce de los "preceptos del marxismo-leninismo", es decir, si es deductivamente coherente con la ideología del Hismat y del Diamat, tal como ellos la entendían.

Por eso en el texto de Eduardo Mora Valverde donde realiza una evaluación extensa de las razones de la crisis del socialismo real, tiene casi la mitad de su texto dedicado a una amplia explicación de lo que podríamos llamar una exposición convencional del Hismat y del Diamat, desde el comunismo primitivo hasta el surgimiento del capitalismo pasando por las leyes de la dialéctica.

Que un texto que más bien uno esperaría debería estar más cargado hacia el análisis sociológico, histórico o político de la URSS y las sociedades del Este europeo esté tan dedicado a la exposición filosófica del Hismat y del Diamat podría tener dos explicaciones plausibles: la primera consistiría en que el "carácter científico" de la ideología marxista-leninista funcionaba en los partidos comunistas como un argumento de autoridad de la dirección política, funcionaba como un

parte del régimen, el FA tuvo varias posiciones en su interior, una de ellas la de Patricia Mora fue de equidistancia condenando la violencia de ambos lados. El FA tuvo una corrección posterior para posicionarse en contra de la dictadura de Ortega, aunque nunca efectuó ninguna declaración a favor de las protestas y los posteriores presos políticos durante las movilizaciones del 11 de Julio de 2021 en Cuba.

encubrimiento ideológico para señalar que las opiniones de los dirigentes no eran opiniones sin más, no eran opiniones que estaban sometidas a los avatares de cualquier opinión que quisiera expresar la verdad de un hecho histórico y político, es decir que tuviera que ser verificada, que estuviera sesgada por los intereses materiales o por las inercias propias del funcionamiento de la sociedad o que simplemente fueran posiciones equivocadas producto de la ignorancia, la falta de información, el desconocimiento del contexto histórico-cultural o que la historia personal de inercias, afectos y/o sentimientos produjera dificultades extra para comprender un proceso en el que se estaba profunda y vitalmente implicado, sino que la amplia exposición del Diamat cubría que las afirmaciones que se iban a proferir no sólo eran opiniones, sino que eran opiniones que se deducen de las conclusiones de "la ideología científica". Es decir, lo que leemos no son las conclusiones de Eduardo Mora o de Manuel Mora, sino que en un cierto sentido son conclusiones que se deducen de las leyes de la Historia y la Naturaleza.

Visto con la ventaja de la distancia histórica no deja de ser interesante cómo esta forma de introducir la discusión parece recubrir una necesidad de seguridad personal y vital, aunque para un lector externo es obvio que un evento como la crisis del socialismo histórico tenía unas dimensiones vitales notabilísimas para los hermanos Mora Valverde, estas dimensiones no están ni presentes ni sopesadas en el texto.

Las dimensiones vitales y afectivas que tenía encarar esta discusión para militantes y dirigentes comunistas de décadas sólo pueden ser ubicadas cuando se leen los testimonios personales, sobre todo los testimonios de quienes deciden abandonar la militancia comunista o de izquierda[7]. Álvaro Rojas señala:

---

[7] Un hecho que nos parece importante destacar es que esta dimensión si es atendida por Martín Hernández en El Veredicto de la Historia, un texto que

"Fue muy triste la partida [la salida de Rojas del PVP].

Ahí quedaron tantos recuerdos, tantos camaradas queridos con quienes había compartido desvelos y esperanzas, tantos sueños, ahora momentáneamente rotos, no sólo por la partida, sino por la situación que había en esos años, en que cada mes se derrumbaba un nuevo país socialista" (Rojas, 2012, 250).

La segunda dimensión de por qué es razonable que Mora Valverde haga ese repaso sobre el HISMAT, es porque probablemente por el efecto de la presión ideológica de la campaña sobre el "Fin del Socialismo", había que responder a la pregunta de si los hechos ocurridos en la URSS eran una demostración del fracaso de la teoría marxista, esa forma de entender el problema fue bastante típica del debate marxista de finales de los noventa, inicio del siglo XXI.

Varias de los textos del marxismo, tanto los estalinistas como los de autores no estalinistas empezaban su escrutinio

---

ha sido muy influyente en nuestra interpretación de la crisis del socialismo histórico, señala Hernández: " ¿Cómo explicar que cuando en los años 1993, 1994 o 1995 todos los datos de la realidad indicaban que la restauración se había consumado, en las filas del movimiento trotskista se seguía afirmando que el capitalismo no había sido restaurado? Y más aún, ¿cómo explicar que, en el interior del movimiento trotskista, hasta hoy, sigan existiendo corrientes que dicen que la ex URSS continúa siendo un estado obrero? Sería en vano tratar de encontrar una respuesta objetiva. Es necesario entender que el más objetivo de los análisis siempre va a tener una carga de subjetividad, y es evidente que a los trotskistas nos ha resultado difícil ser objetivos para analizar los ex Estados obreros, y en especial la ex URSS. El estalinismo siempre se presentó como el gran defensor de la URSS y presentó a los trotskistas como contrarrevolucionarios, enemigos del estado obrero, agentes de la CIA, etc. Sin embargo, la realidad ha sido muy diferente. Mientras los estalinistas destruían los estados obreros, los trotskistas dieron sus vidas en defensa de la URSS y colocaron todas sus esperanzas en su regeneración revolucionaria, y, por eso, no nos resultó fácil aceptar que ya nada quedaba de las conquistas de la Revolución de Octubre" (2009, 215).

sopesando si la crisis del socialismo real significaba una crisis del marxismo como tal[8].

Podríamos señalar que dentro de la "tradición socialista" encontramos varios criterios de ingreso, quienes: 1) aceptando la existencia de "errores" o "excesos" reafirmaban y reforzaban la validez del DIAMAT y HISMAT como teoría explicativa del cambio social. (Eduardo Mora, asume este modelo); 2) los que afirmaban que la teoría marxista seguía válida pero que había que deshacerse de la mayoría del marxismo clásico y muy especialmente de la variante bolchevique del marxismo clásico tratando de ir a un regreso a Marx "como tal", ignorando los avances o aportes del marxismo de la Segunda, la Tercera y la Cuarta Internacional[9]; 3) los que señalaban la actualidad del marxismo, pero defendían una especie de marxismo revisado o *aggiornado,* es un marxismo que necesita de la incorporación de teorías como las producidas por la Escuela de Frankfurt o el situacionismo. 4) quienes manteniendo lo básico de la herencia comunista-estalinista ven la necesidad de una revalorización de las teorías gramscianas es decir la reintroducción de las variantes más hermenéuticas, más cercana al idealismo[10] del

---

[8] En la tradición trotskista latinoamericana fue sobre todo Andrés Romero, en su texto Después de Estalinismo (1995), quién emprendió este camino. Otro texto en el mismo sentido es el Darío Renzi La nueva época y el marxismo revolucionario (1999).

[9] El texto A 100 años después del ¿Que hacer? donde escriben Jhon Holloway y Alberto Bonnet tendría estas características.

[10] "En primer lugar, creo que es correcto describir a Gramsci como un idealista moderado y uno de los responsables de abrir el materialismo a las corrientes hermenéuticas. Es un desplazamiento muy típico del marxismo de entreguerras, que a menudo es una teoría de la conciencia revolucionaria. Pero creo que, a diferencia de Lukács, Gramsci fue consciente de los riesgos de ese movimiento y encontró una solución sencilla pero muy eficaz para neutralizarlos: un giro empírico y una renuncia a resolver el problema en términos filosóficos" (Rendueles, 2016).

marxismo clásico[11]; 4) las que ven la necesidad de incorporar al marxismo nuevas ramas del conocimiento o de la ciencia que el marxismo no tenía o no tomó en cuenta.

La forma en la que resolvieron el problema los hermanos Mora Valverde fue a través de una reafirmación ritual del DIAMAT y la incorporación de los análisis de la Revolución Científico Tecnológica[12], esta forma de encarar el problema no es nueva, sino que ya venía siendo parte de la elaboración del núcleo dirigente del PPC[13]. Aquí tenemos una continuidad de una comprensión más antigua, la defensa de la teoría de la coexistencia pacífica, que siempre fue defendida por los hermanos Mora, la cual supone que la URSS vencerá a los Estados Unidos y al occidente capitalista sobre la base de la demostración de su superioridad tecnológica y productiva.

Esta explicación soviética, asumida y defendida por los Mora, tenía sin duda un componente de fetichismo tecnológico[14], este fetichismo tecnológico pero ahora invertido en su

---

[11] Esa posición seria tanto la de Nesthor Kohan (1999) como la de José Merino del Río (2012).

12 En este sentido hay una cierta similitud, aunque más tosca que la meditación de Marta Harnecker (1999), la cual no renuncia al DIAMAT, pero lo adorna y reivindica sobre todo la herencia althuseriana, realiza además una extensa meditación sobre el significado de la Revolución Científico Tecnológica, influenciada por la obra de Carlota Pérez y Manuel Castells (1999, 95-105).

[13] Tan temprano como en 1979, José Merino del Río tiene dos intervenciones sobre la Revolución Científico Tecnológica (1979, 27, 32).

[14] Por fetichismo tecnológico entiendo por un lado una cosificación de las relaciones sociales, pero sobre todo una noción ideológica que supone que la tecnología juega un papel independiente en el desarrollo humano, sin tener que colocarla en un determinado desarrollo histórico y en unas determinas relaciones sociales y de propiedad y finalmente el ideologema más extendido de que los cambios tecnológicos producen cambios sociales y cambios en las relaciones sociales básicamente positivos y progresivos, señala César Rendueles: "El determinismo tecnológico contemporáneo plantea exactamente lo contrario que Marx. En primer lugar, no considera que se considera que

explicación causal será muy relevante en el debate que tratamos, puesto que si la forma en la que se iba a demostrar la superioridad del comunismo era su superioridad tecnológica, entonces una de las razones de la crisis del socialismo histórico ha de ser su incapacidad para incorporarse a la RCT, que se venía produciendo en los países capitalistas centrales.

En esta interpretación las principales debilidades explicativas están asociadas, como hemos dicho, a que se le asignó un rol determinante e independiente de la formación social y de la lucha de clases a la tecnología. Cuando la crisis del socialismo histórico habría que localizarla en otro nivel: el fracaso de la estrategia de socialismo en un solo país, el carácter parasitario de la dirección política y la administración de la burocracia soviética, así como el carácter burocrático y totalitario del régimen político que asfixiaba y en última revertía la potencialidad de la planificación central de la economía.

El otro elemento no tomado en cuenta por Mora Valverde, es cómo pese a la existencia de privilegios sociales en la casta dirigente, estos privilegios no eran sólidos, si no se apoyaban firmemente en los derechos de propiedad y de herencia y que esta contradicción, aunque se pudo retrasar en el tiempo iba a terminar implicando la orientación, por imperiosas necesidades sociales, de restaurar el capitalismo.

Otro elemento no incluido en las meditaciones de Mora Valverde son las presiones económicas que sufrían los países del Este de Europa por el carácter desigual y dependiente de sus relaciones con el mercado mundial. Así como las presiones económicas venidas de los organismos financieros internacionales, cuyos planes habían sido asumidos y aplica-

---

se necesiten cambios políticos importantes para maximizar la utilidad de la tecnología. Al revés, la tecnología contemporánea sería postpolítica, en el sentido de que rebasaría los mecanismos tradicionales de organización de la esfera pública. En segundo lugar, considera que la tecnología es una fuente automática de transformaciones sociales liberadoras" (Rendueles, 2013, 44-45).

dos por varios de los países del Este de Europa, por ejemplo, Yugoslavia.

Dicho de otra forma, aceptando como un hecho las características de parálisis, desperdicio y marasmo que tenía la economía soviética en los años ochenta, era imposible un impulso tecnológico sostenido, pero aún si hubiera existido alguna forma para realizar este impulso, por el descubrimiento de nuevas materias primas o algún descubrimiento científico, el problema de la crisis social de la URSS no se hubiera solucionado.

Sobre todo porque las razones de la crisis de dominación en la URSS, no eran de tipo técnico, sino que remitían a problemas político-sociales. Se tenía que resolver, de alguna forma, la contradicción central que representa la imposibilidad de sostener economías centralmente planificadas aisladas entre sí, sin democracia interna y subordinadas al mercado mundial por períodos sostenidos de tiempo.

Otro aspecto que Mora Valverde no ubica es que la aparente solidez del capitalismo de los años noventa, más que asociado a las mejoras en la técnica y a los cambios en las formas de organización de la producción, estuvo asociado a la incorporación masiva de fuerza de trabajo de mercados laborales que estuvieron vedados por décadas para las empresas capitalistas occidentales especialmente la fuerza de trabajo china[15],

---

[15] "Las increíbles ventajas que reportan estos niveles salariales conllevan que China pueda competir con otras localizaciones de mano de obra barata como México, Indonesia, Vietnam y Tailandia en sectores productivos de bajo valor añadido (como el textil). México perdió 200.000 empleos en sólo dos años cuando China (a pesar del TLCAN) superó a ese país como el mayor proveedor del mercado estadounidense de bienes de consumo. Durante la década de 1990, China comenzó su ascenso en la escala de la producción de bienes de alto valor añadido y a competir con Corea del Sur, Japón, Taiwán, Malasia y Singapur en campos como la electrónica y las máquinas herramienta. Este resultado se debió en parte a que las compañías instaladas en esos países decidieron deslocalizar su producción para beneficiarse de la gran masa de trabajadores

no olvidemos que el acuerdo Nixon-Mao es del año 1972 y las Cuatro Modernizaciones de 1978, es decir, el acceso de las empresas occidentales al mercado de trabajo chino es anterior al inicio de la crisis del socialismo histórico.

En el pensamiento de los hermanos Mora Valverde, la perestroika jugaría un papel progresivo[16], si bien no es calificada como "revolución en la revolución", sí es entendida como una modernización que implicaría la posibilidad de deshacerse de los lastres del socialismo burocrático.

¿Cómo explica Mora Valverde la crisis del socialismo real?

Primero señala el criterio/pronóstico de Marx que la revolución debe triunfar y empezar a desarrollarse en los países altamente desarrollados, con un determinado nivel de preparación política y cultural y de manera simultánea en varias partes del mundo (Mora Valverde, 1995, 45) este pronóstico no ocurrió y allí empezaron las dificultades.

---

altamente cualificados y de bajo coste que estaba siendo generada por el sistema universitario chino" (Harvey, 2007, 146).

[16] En eso no sería diferente a la mayoría del estalinismo, por ejemplo, Marta Harnecker en 1987, publicó el texto Perestroika: La revolución de las esperanzas, una extensa entrevista al latinoamericanista soviético Kiva Maidanik, allí el historiador soviético afirma: "Hay más, la perestroika no consiste en pasar del asalto al asedio sino, todo lo contrario, de un asedio bastante débil al asalto. A un asalto contra nuestras propias debilidades, defectos, deformaciones, herencias negativas del período de transición. A un asalto en cosas que implican encarnar en toda su amplitud los ideales originales del socialismo y las ideas de Marx y Lenin. Se trata de renovar en base a estas cosas toda nuestra sociedad, de una revolución dentro de la revolución, es decir, dentro del proceso iniciado hace 70 años por la Revolución de Octubre. Tanto nuestros logros como nuestras deficiencias, tanto la situación interna como internacional, nos han colocado ante la necesidad apremiante y la posibilidad objetiva de realizar transformaciones radicales, cualitativas, de lo que hasta entonces se había construido. La perestroika implica todo eso y por eso resulta bastante difícil traducir esta palabra" (Harnecker, 1988, 3).

La revolución ocurrió en Rusia, un país campesino, con años de tradiciones despóticas de dominio, primero la dominación tártara y luego el zarismo y además asediada por la guerra y el bloqueo económico.

En esas duras condiciones de guerra se impuso lo que Mora Valverde llama el *"socialismo de Estado"* (1995, 53), este "socialismo de Estado" consiste en "un aislamiento con respecto al capitalismo y en la intervención directa del estado socialista, representante del Estado proletario y del pueblo en general, imponiendo éste las decisiones de la dirección del Partido y del aparato administrativo estatal (...) termino siendo un Estado manejado por burócratas, quizás con la mejor voluntad , pero con sistemas que no eran democráticos y humanistas" (1995, 54).

En el esquema de Mora Valverde "El socialismo es la negación del capitalismo, pero no de todo lo que existe en el capitalismo. No de los progresos científicos (...) ni de los tecnológicos" (1995, 52).

El atraso y el aislamiento ruso pretendía ser solucionado por la NEP leninista. En la interpretación morista la guerra y el aislamiento, así como el espíritu dogmático, produjo el sectarismo y el burocratismo, que hizo que el proyecto de la NEP, fracasara y se impusiera el "Socialismo de Estado".

Aquí la oposición polar es "Socialismo de Estado" y "Socialista humanista y democrático". El primero sería dogmático, burocrático y defensor del "estatismo a toda costa" que Mora identifica con el "comunismo de guerra" y el otro modelo sería abierto, democrático y en cierto sentido pragmático con la posibilidad del desarrollo de relaciones monetario-mercantiles (1995).

Para Mora Valverde lo deseable y que hubiera garantizado la evolución normal de la URSS y probablemente hubiera evitado los rasgos más verticalistas de su conducción política, habría sido la aplicación cabal de la NEP, pues,

"La NEP garantizaba el comercio privado, la industria privada, el incremento de los campesinos medios y ricos dentro de las relaciones monetario-mercantiles, el arriendo de la tierra, el trabajo asalariado, por parte de los propietarios de los medios de producción y las concesiones y arriendo de empresas estatales a empresarios capitalistas. La NEP no hacía mención a las inversiones de capital desde el exterior debido a la evidente hostilidad del mundo que rodeaba a la URSS (…) hoy países socialistas como China y Cuba promueven inversión en el período de transición" (1995, 53).

Hasta aquí la intervención de Mora Valverde, que necesitaría varias aclaraciones. Como hemos señalado tanto el grupo de Ferreto-Vargas que dirigía en PVP, como el de los Mora Valverde que dirigía el PPC son defensores de la Perestroika y de las reformas político-económicas de mercado, es decir el regreso y generalización de las formas de intercambio mercantil-capitalistas y por lo tanto de la destrucción de los pilares de lo que Lenin y León Trotsky llamaban el Estado Obrero, a saber: el monopolio del comercio exterior, la economía centralmente planificada y la propiedad nacional de los principales medios de producción y de cambio.

En el marxismo de corte estalinista eran estas tres características de las relaciones sociales las que daban sentido a la distinción entre democracias sustantivas y democracias formales[17], ahora la clave de la introducción de las reformas pro-

---

[17] "El primer aspecto, el de la democracia política o democracia representativa se refiere fundamentalmente al régimen político y pone el acento en la libertad de elegir gobernantes y en los derechos civiles de todos los ciudadanos. Esta democracia, que se autoproclama gobierno del pueblo, puede ser, y de hecho así ocurre en el caso de la burguesa, una democracia que favorece a los sectores minoritarios de la población, por eso algunos la llaman representativa o formal, ya que en nombre de ese pueblo se favorece sólo a una minoría. En ella existen ciudadanos de primera y de segunda categoría. El segundo aspecto se expresa en la democracia real, sustancial o social, cuyo propósito fundamental es la búsqueda de la solución a los problemas más sentidos por la población: pan,

mercado es que somete a lo "sustantivo de la democracia" a la dirección del mercado: pan, tierra, trabajo, educación, vivienda y por lo tanto el acceso a ellas no está asociado al trabajo y a la asignación según el plan económico centralizado (así sea burocrático) sino que son adquiridas por lo que determina el mercado, independientemente de si esta más o menos regulado (todas las sociedades capitalistas tienen más o menos regulaciones a sus mercancías y esto no las vuelve sociedades de planificación central).

Sometidos los principales medios de vida a la lógica del mercado, lo que quedaría es un régimen autoritario con una sociedad capitalista, de hecho, como ha demostrado China, uno de los pilares exitosos del capitalismo global.

La trampa ideológica aquí es que escudados en la animadversión que produjo la idea estalinista del partido único y el modelo único, se pase ahora a la idea que hay "muchos socialismos" y que de hecho "cada país encontrará su camino al socialismo". Aquí hay dos confusiones interesadas al menos, verdades a medias podríamos decir: es verdad que no hay "repetición", no hay "modelo" en las transformaciones revolucionarias, cada proceso de transformación revolucionario es la síntesis única de una determinada correlación de fuerzas sociales nacional e internacionales, ancladas en una determinada formación económico social, con su historia, sus tradiciones políticas, sus limites y posibilidades. Eso no quiere decir que sean indiferente las medidas que tome una determinada organización que aspire al socialismo o que la apelación a las "características nacionales" sea suficiente para justificar las reformas promercado, la arbitrariedad policial y burocrá-

---

tierra, trabajo, educación, vivienda, cosas que permiten avanzar hacia una sociedad más igualitaria. En la práctica, esta forma de democracia puede ser ejercida por un sistema político que no funcione a la manera tradicional de la democracia representativa en Occidente" (Harnecker, 1999, 128).

tica en su implementación o la restauración de las relaciones capitalistas, sobre todo por un hecho central: el mercado capitalista es una realidad mundial, desigualmente desarrollada, pero mundial.

No es suficiente que una sociedad sea dirigida por un Partido Comunista para que esta sea considerada "socialista". Para que sea el caso, el Estado debe apoyarse, promover y organizar las relaciones sociales de producción que avancen hacia el comunismo, si no es así y el Estado impulsa y organiza la producción de mercancías en detrimento de otro tipo de relaciones sociales estaríamos en presencia de la restauración de las relaciones capitalistas de producción y, por lo tanto, de la existencia de una dictadura llana y simple, que eventualmente, producto de la imperiosa lógica del mercado, terminaría convirtiéndose en una dictadura capitalista sin más, produciendo una nueva burguesía venida de los altos cargos del partido, el Estado y el ejército.

La otra confusión, la otra verdad a medias que introduce Mora Valverde es sostener que hay una relación entre "socialismo humanista y democrático" y "reformas promercado", como si la oposición a la producción de mercancías, es decir, de productos realizados con el objetivo de ser realizados en el mercado para producir una ganancia y valorizar el trabajo abstracto, sea una oposición producto del "dogmatismo". La idea que introduce Mora es que el "socialismo de mercado" o el "socialismo con características chinas" como se le llama ahora, sería un tipo más de socialismo posible, así como existió la NEP, la colectivización total en la URSS o la revolución cultural china, el "socialismo de mercado" sería una variante más de los socialismos posibles, variante además inofensiva, técnica.

Llama mucho la atención que después del drama humano y los costos humanos que significaron los esfuerzos del tránsito al socialismo, Mora Valverde coloque la "reintroducción de los mercados" como si fuera algo casual y pueril, un olvido producto de la ceguera dogmática, pero que si alguien la hubiera visto nos hubiera ahorrado muchos problemas, y, sobre todo, nos garantizaría en este momento, ahora sí, una transición *"pacífica, progresiva"* (1995, 44).

Pero es importante indicar que el olvido de Mora, está en señalar que la oposición del marxismo a la organización de la sociedad sobre la base de la producción de mercancías no es una oposición técnica, sino una oposición sociológica y política central.

Las sociedades basadas en la producción de valor y de mercancías son sociedades con una relación social general que hace que los seres humanos se relacionen con los productos de su trabajo como mercancías, es decir como trabajos privados opuestos entre sí, como relaciones entre cosas, no como relaciones sociales mediadas por cosas, por lo tanto, son sociedades que necesitan tratar el trabajo humano, como trabajo indiferenciado (Marx, 2017, 130).

En sentido contrario, para Marx, la única forma de salir de los problemas que trae el fetichismo de la mercancía y las sociedades productoras de valor y mercancías es que: "las circunstancias de la vida práctica, cotidiana, representen para los hombres, día a día, relaciones diáfanamente racionales, entre ellos y con la naturaleza. La figura del proceso social de vida, esto es, del proceso material de producción, sólo perderá su místico velo neblinoso cuando, como producto de hombres libremente asociados, éstos la hayan sometido a su control planificado y consciente" (Marx, 2017, 131). Es decir, el mercado, como institución central de la producción de la vida, representa la oposición frontal de un proyecto societal que concibe el plan, el control consciente y planificado y la asociación libre de los productores libres como institución central que debería regir nuestras vidas.

Un último punto, sobre el humanismo y el socialismo. En los textos de los hermanos Mora Valverde se produce una especie de genealogía Kruschev-Gorbachov, donde los elementos centrales son la defensa de la concepción de la coexistencia pacífica del socialismo y el capitalismo, la valorización de la paz y el humanismo como valores centrales y la revalorización de la democracia (aunque eso no significara un cambio en la dirección unipersonal de los partidos). Del estudio de los textos del PPC en 1985 vemos que además de esta especie de convergencia filosófica asociada al valor del humanismo, había una particular convergencia política que estaba asociada a la defensa de la paz y el desarme como políticas centrales tanto para las relaciones USA-URSS como para resolver el conflicto centroamericano. En ese sentido, hay bastantes afinidades funcionales y electivas entre Kruschev, Gorbachov y los hermanos Mora Valverde.

La defensa del tránsito "pacífico" al socialismo, ya lo hemos tematizado y sabemos que es central en el pensamiento de Mora Valverde, pero un punto en común es considerar al marxismo un subcapítulo, una parte de un movimiento más general el humanismo. Aquí coincidiría Mora, Gorbachov, Kruschev y Allende:

"Cumplir estas aspiraciones supone un largo camino y enormes esfuerzos de todos los chilenos. Supone, además, como requisito previo fundamental, que podamos establecer los cauces institucionales de la nueva forma de ordenación socialista en pluralismo y libertad. La tarea es de complejidad extraordinaria porque no hay precedente en que podamos inspirarnos. Pisamos un camino nuevo; marchamos sin guía por un terreno desconocido; apenas teniendo como brújulas nuestra fidelidad al humanismo de todas las épocas" (Kohan, 2013, 164).

No habría marxismo sin humanismo y parecería que se podría abandonar los aspectos "dogmáticos" del marxismo siempre y cuando se mantuviera un guía, un espíritu humanista, ese espíritu humanista sería además cualidad del individuo dirigente: de Eduardo Mora, Manuel Mora o Mijaíl Gorbachov.

Este humanismo genérico, en el caso de Kruschev: "acorde al espíritu geopolítico del XX Congreso del PCUS, tiende a disolver los enfrentamientos de clase en aras de una amplitud genérica que gira en torno a la noción indeterminada, ahistórica y supra clasista de "persona humana" (Kohan, 2013, 161) también era funcional a la política de "mano tendida" a los católicos y a la democracia cristiana.

Es decir, detrás del giro filosófico hacia el "humanismo marxista", había un pragmático giro geopolítico hacia un acuerdo con el Vaticano y los partidos demócratas cristianos, este giro filosófico se centraba en ponerle atención al concepto de "persona humana" posible punto de encuentro político y filosófico de marxistas y cristianos.

Este camino que Kruschev y los intelectuales del *aggiornamento* estalinista de los sesenta, habían abierto era retomado por Gorbachov en los ochenta, el PCUS esperaba que Juan Pablo II y el Vaticano acompañaran la política soviética de desarme nuclear y paz contra el guerrerismo reganista[18].

Esta interpretación filosófica con implicaciones políticas era un camino que ya había sido explorado en los años 1941-1943 por Mora Valverde y que en el año 1985 mantenía como una política estratégica.

La promoción electoral del ex sacerdote Javier Solís como candidato a primer lugar por San José, en contra de su propio hijo Manuel Mora Salas, era interpretada como una política de mano tendida hacia los cristianos; en un discurso de Solís publicado por el Semanario *Libertad* se lee: "la rutilante per-

---

[18] En Mayo de 1985, el Semanario Libertad publica un articulo cuyo titulo es "El Vaticano pone a Reagan en la picota".

sonalidad de Monseñor Víctor Sanabria que por encima de todo convencionalismo doctrinal o eclesiástico desafió a los enemigos del pueblo y cerró filas con sus más egregios representantes para llevar a cabo la más audaz transformación de nuestra historia" (Solís, 1985, 8).

La relación de mano tendida hacia el Vaticano y sus representantes no desaparece nunca de la tradición morista, más bien se hace cada vez más notable y explícita en nuestros días. En el año 2014 el Frente Amplio llevará junto a Patricia Mora Castellanos, la hija de Eduardo Mora Valverde a dos ex sacerdotes como representantes parlamentarios: Gerardo Vargas y Ronald Vargas[19]. En la campaña electoral del 2018 tanto Edgardo Araya como José María Villalta pedirán la intervención del Vaticano, para aplacar la dimensión fundamentalista que tomaba la campaña electoral[20]. La tradición venía de largo.

Los conceptos filosóficos como el humanismo, la persona humana y la orientación política de relaciones diplomáticas con la Iglesia católica y sus partidos necesitan que desaparezcan del análisis las clases sociales, la explotación, la domina-

---

[19] "Ronald Vargas y Gerardo Vargas, diputados electos del Frente Amplio (FA), se sacuden de los señalamientos de quienes pretenden señalarlos como parte de la camada de legisladores "religiosos" que pasarán a formar parte de la nueva Asamblea Legislativa a partir del 1 de mayo. Ambos cuentan con formación católica-religiosa y trabajaron como curas, Ronald ejerció durante 18 años, hace 2 renunció a los hábitos y hoy se gana la vida dando clases universitarias y representará a los guanacastecos en Cuesta de Moras. Mientras que Gerardo es sacerdote, pero desde 2009 pidió permiso para alejarse de las actividades clericales y desde entonces trabajó para lograr su diputación por Limón" (Diario Extra, 17/02/2014).

[20] "El candidato a la Presidencia de la República por el Partido Frente Amplio (FA), Edgardo Araya, y el primer lugar de San José para diputado, José María Villalta, dieron a conocer en conferencia de prensa, una misiva que enviaron al Papa Francisco solicitando su intermediación para bajar el tono de la campaña que han emprendido algunas agrupaciones políticas en relación con el tema de la diversidad de género y el derecho de las personas de elegir su propia identidad" (Núñez Chacón, 2018).

ción, la confrontación radical con la violencia organizada y las características de la específica dominación masculina.

Estos elementos explicarán entre otros el sistemático giro hacia la derecha desde el punto de vista político, el abandono sistemático desde el punto de vista teórico y filosófico del marxismo y las relaciones dificultosas con las variantes más radicales del movimiento de mujeres o del feminismo socialista.

Excursus: Sobre la tensión Ferreto-Mora

Existe un vacío en la narrativa comunista oficial en relación con Arnoldo Ferreto y su rol en la historia comunista, en la historia del PVP.

Este punto ciego se acrecienta en la medida en que el "morismo" se transformó en el sentido común/estrategia de la izquierda y el "ferretismo" (si es que alguna vez existió tal corriente, como corriente ideológica-política claramente definida) desapareció.

Álvaro Rojas que fue parte de su fracción y trabajó de cerca con él habla de un carácter "un poco autoritario", volcado al trabajo y propenso a usar argumentos de autoridad para ganar las discusiones, así como opuesto a todo lo que considerara: "*una desviación de la ortodoxia marxista*" (2012, 197).

En los testimonios de Eduardo Mora (2000b,10-11) y Jaime Cerdas (1993, 180-182) su hostilidad hacia Ferreto es notable, esta hostilidad se concentra sobre todo en su personalidad y su temperamento, duro, de ideas fijas, sin escucha, autoseguro de tener la razón. Esta imagen y esta caracterización, se repite en los testimonios y en los recuerdos más cotidianos de quienes le conocieron.

En la versión extrema de Cerdas, Ferreto es Stalin sin fortuna. Si la imaginación literaria intentara una ucronía de la guerra del '48, tendría a Ferreto en la Secretaría General y...¿Manuel Mora en el exilio o en el gulag? Eduardo Mora no llega a tanto, pero sí señala la terquedad de Ferreto, capaz de mentir e inventar para lograr que se realizaran sus puntos de vista.

La opinión pública (de izquierda y de derecha) ha construido esta imagen, esta tensión entre Mora Valverde patriota y Arnoldo Ferreto estalinista, pero, derivado de esta investigación podríamos señalar que esta es una imagen interesada, una memoria construida convenientemente *a posteriori*.

No hay registro que Mora o Ferreto hayan estado en desacuerdo en algún aspecto fundamental de la orientación del PCUS, ambos apoyaron la campaña "antichina", la invasión soviética de 1968 a Checoslovaquia, el golpe polaco de 1980 y celebraron el ascenso de Gorbachov, ambos acataron las "desestalinización" controlada en 1956 y 1985. Se indica que hay dos grandes puntos de desacuerdo en 1948 y en 1984, ambos puntos relativos a la política nacional.

La división del PVP de noviembre de 1983, no ha sido sometido al rigor de la verdad histórica, investigaciones como las de José Merino (1996) y Gerardo Contreras (2006) tocan el punto de pasada y sin profundización, algunas entrevistas como las de Patricia Vega (1984) publicadas por *Aportes* muestran interpretaciones interesantes, pero subjetivas, hay además una masa de artículos tanto en la prensa comercial (*La Nación, La Prensa Libre, Revista Rumbo*) como en la prensa militante (*Libertad* y *Adelante*) pero no una explicación que contribuya a la memoria social y política. Aunque en la formación del Frente Amplio se unieron intelectuales orgánicos que venían de las dos tendencias (por ejemplo José Merino y Álvaro Rojas) nunca ajustaron cuentas con estos hechos, sólo los pusieron en el pasado, esperando que se olvidaran.

A grandes rasgos podemos ver dos tipos de versiones sobre la división del PVP:

La de Manuel Mora (1985) recién divididos y la de Eduardo Mora (2000, 277-288) más tardía, que sostiene que detrás del cambio estatutario para colocar a Manuel Mora como presidente del Partido y a Humberto Vargas como Secretario General, había un "golpe de Estado", una "conspiración", Addy Salas habla de *preparativos contra el manuelmorismo*" (1998, 301). En esta explicación el movimiento organizativo ocultaba una diferencia política central, la fracción Vargas-Ferreto quería ir a la guerra revolucionaria, apoyado en la caracterización que el país vivía una situación revolucionaria. Las *Memorias* de Álvaro Rojas refutan esta acusación: *"nunca estuvo abiertamente en discusión la posibilidad de la lucha armada"* (2012, 213).

Merino sin decirlo con claridad interpreta que el PVP (del año 1984) tendría una posición similar a la que tenía el PCS de Shafick Handal (1996)[21]. Pero el hecho es que el PVP, nunca planeó ninguna guerra revolucionaria, ni hay indicios que lo haya intentado ni en 1984 ni después. Otro argumento en contra de la justificación morista de la división de 1984 es que, como muestran ampliamente los testimonios de Picado (2014, 125-154) y Mora Salas (2014, 33-49), era el ala de los Mora Valverde quienes controlaban el aparato militar del PVP. Sofía Cortés muestra que el aparato militar del PVP le reportaba exclusivamente a Manuel Mora Valverde (2018, 131) y estaba bajo su supervisión política, fue inclusive usado en la lucha interna entre vanguardistas (2018, 125). A la altura de 1977, Arnoldo Ferreto no tenía conocimiento de lo que hacía la Comisión de Seguridad, se enteró de algunas de las actividades

---

[21] El Partido Comunista de El Salvador estuvo en contra de la lucha guerrillera desde 1963 hasta 1977, que empezó a considerarla una forma válida de lucha; no obstante, no es hasta diciembre de 1979 que empieza a intervenir en la guerra a través de las Fuerzas Armadas de Liberación. Al fundarse el FMLN, el PCS y las FAL participan de su fundación, pese a ser una organización militar pequeña, el PCS termina imponiendo su liderazgo a través de la figura de Shafik Handal.

por la prensa (Cortés, 2018, 134). Por lo tanto, solamente el núcleo vinculado a la familia Mora Valverde podría haberle dado una dimensión militar a la crisis política.

La interpretación del ala Ferreto, a la que luego Humberto Vargas Carbonell (2014) le ha añadido otros aspectos, es que "la familia Mora" dividió el partido, que no había razones políticas para la división y que todo estaba bien, inclusive que Manuel Mora había llegado a un acuerdo para preservar la unidad.

Pero eso no ocurrió porque algunos (nunca señala quiénes) buscando sus propios intereses (nunca se señala cuáles) "carbonearon" (Vargas Carbonell, 2014) a Mora para forzar la división. Se desliza que hay o hubo corrupción o apropiación de bienes, pero nunca se demuestra o se indica ¿cuáles, quiénes y en qué circunstancias? Lo que hace que tal afirmación o sea una calumnia o sea una verdad incompleta, puesto si era así: ¿Significa que había connivencia de Manuel Mora? ¿O significa que él no lo notó? Más aún: ¿cómo era posible que nadie lo notara?

En la versión de Vargas Carbonell (2014), Manuel Mora, que era el Secretario General del PVP, aparece como una figura desordenada, inorgánica, incapaz de notar lo que pasaba a su alrededor y además manipulable fácilmente por su entorno familiar. La imagen no es para nada creíble.

Hay una nueva versión de la izquierda actual, ya reagrupada en el Frente Amplio, que es la tesis de la equistancia: todos se equivocaron, todos somos responsables, pero todos tenían buenas intenciones, sólo faltó tolerancia y diálogo (Rojas, 2013, 213), en esta versión sigue sin explicarse el cómo y el por qué, de la división. También porque nadie pudo evitar una división que supuestamente nadie quería.

Se impone pues una necesaria una revisión de esta historia, sobre todo porque se ha impuesto una interpretación política psicologista (Gallardo, 1989, 11-49): el problema es que Ferreto tenía una personalidad autoritaria. Pero: ¿cómo era la personalidad de Mora, era una personalidad frágil, maleable? Todos los testimonios muestran lo contrario, es la personalidad de un hombre decidido, seguro de sí, tanto como para no consultar lo que hacía y actuar "de hecho" a "golpe dado". Arnoldo Ferreto en *Vida Militante* (1984, 198-199), al comentar el Pacto de Ochomogo y el comportamiento de Manuel Mora, le recrimina la forma personal en que resolvió "asuntos graves"[el fin de la guerra y el desarme de los comunistas], para Ferreto la ratificación del Pacto de Ochomogo fue una discusión con "los hechos consumados". Ferreto acusa a Mora de actuar sin consulta a la dirección del Partido. Esta forma de actuar se mantenía 30 años después. La tesis de Sofía Cortés confirma este estilo decidido y a veces inconsulto y/o unilateral de la personalidad de Mora Valverde todavía en 1977 (2018, 124-134). En las mismas caracterizaciones de Ferreto, ya siendo un rival político público de Mora Valverde, no se puede encontrar signos que nos indiquen que Mora Valverde fuera un "Hamlet".

Nadie en sus testimonios, ni amigos ni rivales han presentado a Mora como alguien con miedo o atemorizado, ni siquiera en sus memorias infantiles se encuentra una caracterización de ese tipo. Mora además es el político práctico que más atentados ha recibido contra su vida. Manuel Mora Salas, el 27 de agosto de 2019 en la presentación del libro de German Chacón "Manuel Mora Valverde: pensamiento y práctica política" reseña al menos siete atentados terroristas contra la vida de Manuel Mora Valverde. La explicación de falta de carácter que usan Vargas Carbonell (2014) y que antes había usado Jaime Cerdas (1993, 213), como hemos dicho, no son creíbles[22].

22 Jaime Cerdas habla de un "hoyo en la columna vertebral" por el que se le iba la voluntad a Manuel Mora. Cerdas le atribuye a Luis Carballo la frase, en

La conclusión de la hipótesis psicologista es que si Ferreto tuviera otra personalidad no hubiera existido la división, lo que le asigna un poder y una capacidad de decisión a Ferreto que claramente no tenía, siempre tuvo un lugar de segundo grado frente a Mora.

El tercer aspecto que no se explora, y esto es lo más notorio, es que en los hechos Ferreto y Mora trabajaron juntos cincuenta años, es mucho tiempo, casi ninguna otra pareja de dirigentes podría hablar de una colaboración tan extendida en el tiempo. En los hechos la relación Mora-Ferreto era una relación funcional. Fue funcional en 1934, durante al reconstrucción del PVP en los cincuenta, en su enfrentamiento contra los "castro-guevaristas", en la intervención en Nicaragua, en la construcción de Pueblo Unido, fue una relación funcional. Los únicos indicadores de tensión entre Ferreto y Mora son los años 1948-1949, aunque eso no es del todo esclarecido, y luego, en 1984.

Así que aquí hay una madeja que desenrollar.

Ex Cursus: "La Familia Mora"

Un extenso editorial titulado *"Frente a la calumnia una trayectoria revolucionaria al servicio del pueblo"* trata de manera abstrusa el problema del rol de la familia Mora en el PVP y en su división. Una de las líneas de ataque del Partido Vanguardia Popular en su XV Congreso fue el ataque a familia Mora, como un grupo familiar, fraccional y que impide la unidad de la izquierda, que bloquea la unidad del PVP con el resto de organizaciones que conformaban Pueblo Unido (1984, 59-60). La respuesta de Manuel Mora fue señalar este ataque como una calumnia, dispuesta a esconder las *"divergencias*

Vida Militante (1984). Arnoldo Ferreto invoca las frases de Carballo contra Mora Valverde para criticar la forma caudillista de actuar de Mora Valverde.

ideológicas frente a la nueva situación que vive nuestro país", a continuación, describe las trayectorias de cada uno de los miembros del grupo Mora: él mismo, su hermano Eduardo, el yerno de Eduardo José Merino, su esposa Addy Salas y su hijo Manuel Mora Salas. Muestra los sacrificios y los méritos por los cuales dirigen el Comité Central del partido. Hasta allí llega el asunto. Aunque los adversarios del PPC seguirían refiriéndose a ellos como "el grupo de los Mora" esto no llevo a ninguna meditación particular sobre el aspecto "familiar" dentro de la tradición comunista local.

Una nota importante que nos parece no es tomada con la debida atención es justamente como la izquierda política no ha meditado lo suficiente sobre este aspecto de "grupo familiar" de las principales figuras de la izquierda política desde los años treinta a nuestros días, sobre todo de su filón comunista "a la tica". Pues en esta característica se cruzan al menos 3 dinámicas: 1) La tradición local costarricense y latinoamericana de dinastías políticas familiares, ese elemento si fue muy señalado en las ciencias sociales a mediados y finales de los noventa cuando se hablaba de "los hijos de los caudillos", es decir de las Familias Figueres y Calderón, que, aunque no están en primera plana, siguen actuando políticamente en la Costa Rica del año 2020. 2) El elemento de clan familiar, de dictadura familiar que tenían los regímenes estalinistas de los estados obreros degenerados, tanto como para que Nahuel Moreno en el año 1984 se preguntara si se verían reinados obreros (1984, 1). La pregunta de Moreno, era confusa en la medida que no tomaba en cuenta el papel de este tipo de régimen político para garantizar la restauración capitalista, no obstante, si indicaba una característica notable y central de esos regímenes políticos, cuando ocurren las revoluciones democráticas en el Este de Europa, el odio contra los clanes familiares como las Ceausescu en Rumanía es uno de los elementos notables de estas revoluciones. Ese elemento se mantiene bajo el "regreso de la izquierda" y la primavera árabe. Un elemento central de la rebelión contra Gadafi en Libia y contra Ortega en Nicaragua es su aspecto de clan familiar que domina totalitariamente la economía y la política. 3) En la cultura política costarricense "la defensa de la familia" fue y es uno de los problemas centrales, este lugar central de la familia nunca fue desafiado y/o tematizado por la izquierda política, fue asumido sin más. El elemento de defensa de la familia atraviesa las primeras declaraciones del comunismo "a la tica", continua con las declaraciones de la Alianza de Mujeres Costarricenses (González, 2006, 308-312) y culmina con los videos navideños de José María Villalta en la elección del 2013.

Es interesante también señalar que aunque la problematización de la familia como un lugar donde se concentra la violencia social fue tematizado desde muy temprano por Yolanda Oreamuno y Max Jiménez, no vemos la misma preocupación en los escritores cercanos a la tradición comunista costarricense. La dimensión de clan familiar de los Mora y como esta familia cruza los principales hechos políticos del país durante la mayor parte del siglo veinte, tampoco ha producido ninguna ficción literaria sobre este clan familiar.

Made in United States
North Haven, CT
27 March 2024

50499874R00124